EINFACH HENSSLER

SCHNELLE REZEPTE MIT MAXIMAL 6 ZUTATEN

STEFFEN HENSSLER

EINFACH HENSSLER

SCHNELLE REZEPTE MIT MAXIMAL 6 ZUTATEN

FOTOGRAFIE MARC ECKARDT

DORLING KINDERSLEY

INHALT

MANCHMAL IST WENIGER MEHR

Ich habe lange überlegt, in welche Richtung mein neues Kochbuch gehen soll. Nach vielen Gesprächen mit Freunden und Bekannten wurde mir dann schnell klar, was in den meisten Küchen fehlt: Ein Kochbuch mit Rezepten, für die nur wenige Zutaten gebraucht werden.

Sofort habe ich mich voller Enthusiasmus ans Rezepteschreiben gemacht. Das stellte sich zu meiner Überraschung als gar nicht so einfach heraus. Vor allem musste als Erstes die Frage geklärt werden, was überhaupt »wenige« Zutaten sind. Die ersten Rezepte beispielsweise bestanden aus bis zu 15 Produkten. Als ich die dann meinen Freunden zum Probekochen gab, bekam ich Zunder. Ich kann mich noch gut an die SMS erinnern, die kurz darauf bei mir eintrudelte: »Sag mal, Alter, hast Du Langeweile? Seit wann sind 15 Zutaten wenig?« Tja, was soll ich sagen? Recht hatten sie.

Also alles noch einmal von vorn. Mein Ziel war es nun, nicht mehr als sechs Zutaten zu verwenden – eine echte Herausforderung! Grundzutaten wie zum Beispiel Zucker, Salz, Öl, Essig und Butter zählten dabei allerdings nicht, weil die eigentlich jeder zu Hause hat. Das Schwierigste bei den wenigen Zutaten war am Ende, sich auf das Wesentliche zu konzentrieren.

Was soll ich sagen: Es hat super geklappt! Man braucht wirklich nicht viele Zutaten, damit ein Essen richtig lecker schmeckt. Außerdem habe ich natürlich darauf geachtet, dass auch Küchenanfänger alle Rezepte nachkochen können. Und schnell fertig sind die meisten Gerichte sowieso – langes In-der-Küche-Stehen war noch nie mein Ding.

Bevor Ihr gleich an den Herd stürzt und loslegt, lest bitte zuerst »Erst lesen, dann kochen« auf der nächsten Seite. Und nun will ich Euch nicht länger vom Kochen abhalten. Ich wünsche Euch viel Spaß in der Küche und vor allem beim Essen.

Ahoi!
Euer Steffen

ERST LESEN, DANN KOCHEN

Die Grundzutaten für die Rezepte, d. h. die Produkte, die wirklich jeder zu Hause in der Küche hat, habe ich durch eine Befragung auf Facebook ermittelt. Diese Liste wurde um vier Zutaten erweitert, die viele im Vorrat haben und die man auf jeden Fall zu Hause haben sollte, will man häufiger etwas Leckeres kochen: Butter, Milch, Mehl, Essig, Öl, Pfeffer, Salz, Senf, Sojasauce, Puderzucker und Zucker.

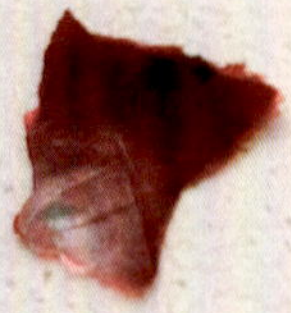

Essig: Schön wären Balsamico- und Weißweinessig im Vorratsschrank. Für Vorratsmuffel reicht Weißweinessig. Auf andere Essigsorten wird im Tipp hingewiesen.
Öl: Olivenöl (am besten extra vergine) und Sonnenblumenöl sollten im Haus sein. Wer wenig kocht und keine Lust auf Vorräte hat, kann für alle Rezepte Sonnenblumenöl nehmen. Bitte nicht das billigste kaufen, sondern ein kaltgepresstes Öl in der Glasflasche.
Pfeffer aus der Pfeffermühle: Erstens schmeckt gemahlener Pfeffer nicht, zweitens braucht man manchmal Pfefferkörner. (Zur Not geht es meist trotzdem mit Pfeffer aus der Tüte.)
Salz: Auf Meersalz wird hingewiesen, wenn es für das Rezept notwendig ist.
Sojasauce: Für meine Rezepte braucht man unbedingt (japanische) Sojasauce.
Puderzucker: Wer sich an die Desserts wagt, braucht unbedingt 1 Päckchen Puderzucker, durch den Süßes optisch und geschmacklich gegenüber Haushaltszucker einfach sehr gewinnt.

Außer diesen Grundzutaten werden für jedes Rezept maximal sechs zusätzliche Zutaten gebraucht. Viele von diesen tauchen aber in meinen Rezepten häufiger auf, müssen also nicht jedes Mal neu gekauft werden.

TIPP:
Infos zu Ras el Hanout, Wakame, Panko-Bröseln und anderen Zutaten auf S. 199

Es gibt einige Gerichte, die keinen großen Aufwand erfordern und in nur einer **Pfanne**, einem **Topf** oder einem **Backblech** zubereitet werden. Sie sind mit drei verschiedenen Icons gekennzeichnet. Aber ein bisschen mehr Küchenausstattung wäre nicht schlecht, soll sich die Küche mit Leben füllen:
1 große Pfanne (26–28 cm Ø), 1 kleine Pfanne (20–22 cm Ø), 1 großer Topf, 1 kleiner Topf, 1 Auflaufform, 1 Vierkantreibe, 1 großes Messer, 1 kleines Messer, 1 Schneidebrett, 1 Sparschäler, 1 Schneebesen, 1 Kochlöffel, 1 Pfannenheber, 1 Pinsel, 1 Teigschaber, 1 Nudelsieb, 1 feines Sieb, 1 Teesieb, 1 Küchenmaschine (oder 1 Stabmixer und 1 Handrührgerät), Holzspieße, Zahnstocher, Gefrierbeutel, Klarsichtfolie, Alufolie und Backpapier. Damit sind alle Rezepte in diesem Buch machbar.

Die Personenzahl, für die die Rezepte gedacht sind, steht immer dabei. Ist das Gericht für 2–4 Personen, kommt es darauf an, ob man es als Hauptspeise oder Vorspeise essen möchte. Außerdem werden bei jedem Gericht die Zubereitungszeit sowie längere Gar- und Vorbereitungszeiten (fürs Marinieren etc.) angegeben, damit Koch oder Köchin den Ablauf besser planen können. Für das Kapitel »Schnell gemacht« heißt das, dass sich das »schnell« auf den Arbeitsaufwand bezieht. Also: Wenn man nach Hause kommt, erst in die Küche stellen, das Essen auf den Weg bringen und dann den Rest erledigen. Bis dahin ist das Essen fertig. Es gibt aber auch in den anderen Kapiteln viele Rezepte für Gerichte, die in weniger als 30 Minuten auf dem Tisch stehen.

Außerdem gibt es in jedem Kapitel Specials mit 3–4 Rezepten zu einem Thema auf einer Doppelseite. Im schnellen Kapitel werden Eieromeletts und Ofenkartoffeln zubereitet. Bei den vegetarischen Rezepten im zweiten Kapitel wird die Gurke variiert, außerdem gibt es je ein Special mit Kartoffelgratin und Linsenrezepten. Das Fleisch- und Geflügelkapitel glänzt mit Hackfleischgerichten, und bei den Rezepten für Fisch und Meeresfrüchte steht im Special die Tomate im Mittelpunkt.

Übrigens: Die Temperaturen für den Backofen sind für den Betrieb mit Ober- und Unterhitze gedacht. Wer unbedingt mit Umluft garen will, stellt 20 °C weniger ein.

UND JETZT: VIEL SPASS BEIM KOCHEN!

SCHNELL
GEMACHT

Das nenne ich wirklich ein ideales Feierabendessen: Es ist schnell gekocht, schmeckt superlecker und macht satt.

BRATNUDELN MIT ENTENBRUST

1 Entenbrust (etwa 250 g)
8 Frühlingszwiebeln
1 rote Chilischote
50 ml Sojasauce
2 EL flüssiger Honig
Pfeffer
2 EL helle Sesamsamen
200 g Quick-Cooking-Noodles
6 EL Sonnenblumenöl

TIPP: Wie immer gilt: Wem Chili zu scharf ist, einfach weglassen. Wäre aber schade.

1 Haut der Entenbrust ablösen. Das Fleisch quer in dünne Scheiben schneiden. Frühlingszwiebeln in etwa 3 cm lange Stücke schneiden. Chilischote in feine Ringe schneiden. Sojasauce und Honig mit 80 ml heißem Wasser verrühren und mit Pfeffer würzen. Sesamsamen in einer Pfanne ohne Fett anrösten.

2 Nudeln in kochendem Wasser nach Packungsanweisung bissfest garen, durch ein Sieb abgießen. Unter fließendem kaltem Wasser abschrecken und abtropfen lassen.

3 3 EL Öl in einem Wok oder einer Pfanne bis zum Rauchpunkt erhitzen. Fleisch und den dunkelgrünen Teil der Frühlingszwiebeln darin 2–3 Minuten scharf anbraten, aus dem Wok auf einen Teller schütten. Restliches Öl (3 EL) im Wok bis zum Rauchpunkt erhitzen und die Nudeln darin 2–3 Minuten braten.

4 Restliche Frühlingszwiebeln, Chili und die Hälfte der Sauce zu den Nudeln geben und fast vollständig verkochen lassen. Fleisch dazugeben, untermischen und unter Rühren in 2 Minuten zu Ende garen. Restliche Sauce hinzufügen. Auf Teller verteilen und mit Sesam bestreuen.

2 PERSONEN, 20 MINUTEN

TIPP:
Statt der fleischigen Poulardenbrüste kann man auch Hähnchenbrust für das Rezept verwenden.

Ideal für die kleine Küche: Man braucht nur eine große Pfanne fürs ganze Gericht und macht nicht viel dreckig.

POULARDENBRUST MIT THYMIAN UND ROTER BETE

- 1 Bio-Zitrone
- 9 EL Olivenöl
- Salz, Pfeffer
- 400 g gegarte, geschälte Rote Bete
- 3 Zweige Thymian
- 100 g Schafskäse
- 4 Poulardenbrüste ohne Haut (à etwa 150 g)
- 40 g Parmesan

1 Zitronenschale abreiben, den Saft auspressen. 3–4 EL Zitronensaft mit 2 EL Wasser und 5 EL Olivenöl verquirlen. Mit Salz und Pfeffer würzen. Gegarte Rote Bete in dünne Scheiben schneiden und in die Marinade geben. 10 Minuten ziehen lassen.

2 Thymianblättchen abzupfen und grob hacken. Schafskäse zerkrümeln. Poulardenbrüste quer in dünne Scheiben schneiden. Mit Salz und Pfeffer würzen. 2 EL Öl in einer großen Pfanne erhitzen. Die Hälfte der Scheiben in die Pfanne geben und kross braten. Herausnehmen und beiseitestellen.

3 Das restliche Olivenöl (2 EL) in die Pfanne geben und die restlichen Scheiben anbraten. Die Hitze reduzieren, das beiseitegestellte Fleisch sowie den Schafskäse in die Pfanne geben. Den Thymian untermischen. Die Pfanne vom Herd nehmen. Rote Bete auf 4 Teller verteilen und mit der Marinade beträufeln. Das Fleisch darauf anrichten. Mit Zitronenschale bestreuen. Den Parmesan darüberhobeln.

4 PERSONEN, 25 MINUTEN

Die Garnelenpfanne lässt sich nicht nur zu Hause, sondern auch super auf dem Campingkocher oder dem Zwei-Platten-Herd im Urlaubsapartment brutzeln.

GARNELENPFANNE

8 Frühlingszwiebeln
1 rote Chilischote
5 cm Ingwerwurzel
800 g Garnelen ohne Schale, Darm und Kopf
4 EL Sonnenblumenöl
3–4 EL Austernsauce
Zucker
150 ml Orangensaft
Salz, Pfeffer

1 1 Frühlingszwiebel fein hacken. Restliche Frühlingszwiebeln schräg in dünne, 5 cm lange Streifen schneiden. Chilischote in dünne Ringe schneiden. Ingwer schälen und fein hacken.

2 Öl in einer großen Pfanne erhitzen. Ingwer, Chili und die gehackte Frühlingszwiebel darin andünsten. Garnelen dazugeben und 2–3 Minuten von allen Seiten anbraten. Austernsauce und 1 TL Zucker hinzufügen. Mit Orangensaft ablöschen und alles 2–3 Minuten einkochen lassen. Mit Salz und Pfeffer würzen. Die restlichen Frühlingszwiebeln 1 Minute vor Ende der Garzeit untermischen. Noch einmal abschmecken.

4 PERSONEN, 20 MINUTEN

TIPP:
Wer richtig Hunger hat, macht sich noch Reis oder Quick-Cooking-Noodles dazu.

TIPP:
Wer keine Chorizo bekommt, nimmt eine andere grobe Paprika-Knoblauch-Wurst.

Auch für dieses pikante Rezept braucht man nur eine Pfanne! Das klappt auch in der kleinsten Küche.

RINDERGESCHNETZELTES MIT CHORIZO

2 Rumpsteaks (à etwa 200 g)
150 g Chorizo
5 Schalotten
250 g Cocktailtomaten
80 g Rucola
60 g Pecorino
5 EL Olivenöl
Salz, Pfeffer, Zucker

1 Fettrand der Steaks entfernen, das Fleisch in dünne Streifen schneiden. Chorizo in dünne Scheiben schneiden. Schalotten schälen und in feine Streifen schneiden. Tomaten halbieren. Rucola grob zerkleinern. Pecorino grob raspeln.

2 3 EL Öl in einer beschichteten Pfanne erhitzen. Das Fleisch mit Salz und Pfeffer würzen und rundherum scharf anbraten. Aus der Pfanne nehmen.

3 Restliches Öl (2 EL) in der Pfanne erhitzen. Schalotten und Chorizo darin 2–3 Minuten braten. Tomaten hinzufügen. Mit einer Gabel leicht zerdrücken, sodass der Saft austritt. Fleisch zurück in die Pfanne geben und 2 Minuten mitbraten. Mit Salz, Pfeffer und 1 Prise Zucker abschmecken. Rucola und Pecorino untermischen.

4 PERSONEN, 20 MINUTEN

Der frische Mais gibt dem Püree ein besonders feines Aroma. Dosenmais geht aber auch.

RUMPSTEAK MIT MAISPÜREE

2 Zwiebeln
4 Maiskolben (ersatzweise 400 g Maiskörner aus der Dose)
1 EL Butter
250 g Sahne
200 ml Geflügelbrühe
2 Rumpsteaks (à etwa 300 g)
Salz, Pfeffer
6 EL Olivenöl
4 Zweige Rosmarin

TIPP: Wichtig beim Anbraten von Fleisch: Zuerst die Pfanne heiß werden lassen, das Öl hineingeben und dann das Fleisch. Sofort die Hitze reduzieren. So verbrennt das Öl nicht und das Fleisch wird trotzdem kross. Fleisch nicht dauernd umdrehen, sondern warten, bis oben kleine Tropfen Fleischsaft austreten.

1 Backofen auf 160 °C vorheizen. (Umluft nicht empfehlenswert.) Ein Backblech mit Alufolie auslegen. Zwiebeln schälen und fein würfeln. Maiskörner vom Kolben schneiden. (Dosenmais abtropfen lassen.) Butter in einem Topf erhitzen. Zwiebeln und Maiskörner darin unter Rühren weich dünsten. Sahne und Brühe dazugießen. Flüssigkeit bei mittlerer Hitze einkochen lassen.

2 Die Fettränder der Steaks im Abstand von 2 cm einschneiden. Fleisch von allen Seiten mit Salz und Pfeffer würzen. Öl in einer Pfanne erhitzen. Die Steaks darin von beiden Seiten 2 Minuten anbraten. Mit dem Rosmarin auf die Alufolie legen. Im Backofen auf der mittleren Schiene 6–7 Minuten garen. Fleisch aus dem Ofen nehmen und 3–4 Minuten ruhen lassen.

3 Den Mais vom Herd nehmen und im Mixer oder mit dem Stabmixer fein pürieren. (Eventuell etwas Wasser dazugeben, sollte der Brei zu dick sein.) Mit Salz und Pfeffer abschmecken. Das Püree auf Teller verteilen. Das Fleisch in Streifen schneiden und auf das Püree legen.

2 PERSONEN, 25 MINUTEN

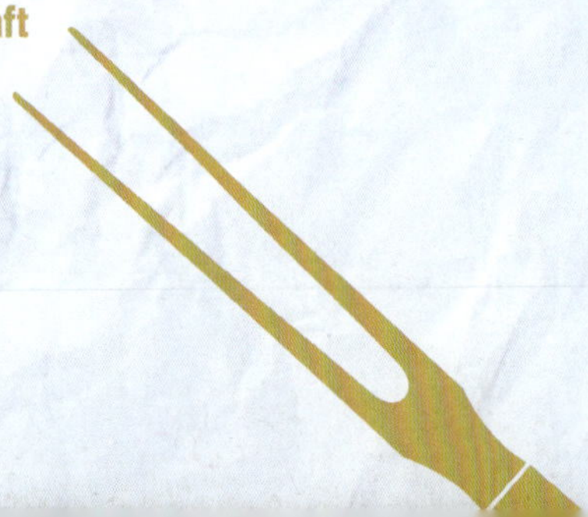

TIPP:
Gebratenen Speck immer auf Küchenpapier abtropfen, das entfernt überflüssiges Fett.

Auch für das Sandwich gilt: Supereinfach und superlecker! Das Rezept kann für beliebig viele Personen vervielfacht werden.

BACONSANDWICH

300 g Bacon, in dünnen Scheiben
6 Blätter Kopfsalat
2 Tomaten
1 rote Zwiebel
8 Toastbrotscheiben
1 EL weiche Butter
6–8 EL Ahornsirup
Pfeffer

1 Die Baconscheiben in einer großen Pfanne ohne Fett knusprig braten, herausheben, auf Küchenpapier abtropfen lassen und warm stellen. Den Salat in mundgerechte Stücke zupfen. Die Tomaten in dünne Scheiben schneiden, dabei den Stielansatz entfernen. Die Zwiebel schälen und in dünne Ringe schneiden. Das Toastbrot goldbraun toasten. Wer keinen Toaster hat, röstet das Brot in der Pfanne.

2 4 Toastbrotscheiben mit der Butter bestreichen, mit Tomaten und Salat belegen. Baconscheiben darauf verteilen, mit Ahornsirup beträufeln und mit Pfeffer würzen. Mit den Zwiebelringen bestreuen. Die restlichen 4 Scheiben auf die Zwiebeln legen, leicht andrücken. Die Sandwiches diagonal durchschneiden.

2–4 PERSONEN, 25 MINUTEN

STEFFENS HENSSLER VIDEOTIPP

TOMATEN-MOZZARELLA-PASTA

1 Zwiebel
2 Knoblauchzehen
250 g Büffelmozzarella
4 Tomaten
1 Bund Basilikum
500 g Spaghetti
Salz
7 EL Olivenöl
Pfeffer, Zucker

1 Zwiebel und Knoblauch schälen und fein würfeln. Mozzarella erst in Scheiben, dann in kleine Würfel schneiden. Tomaten ebenfalls in kleine Würfel schneiden, dabei den Stielansatz entfernen. Basilikumblätter abzupfen und grob hacken. Spaghetti nach Packungsanweisung in kochendem Salzwasser bissfest garen.

2 3 EL Öl in einer großen Pfanne erhitzen. Zwiebel und Knoblauch darin glasig dünsten. Tomaten dazugeben. Mit Salz, Pfeffer und 1 Prise Zucker würzen. Die Tomaten mit einer Gabel leicht zerdrücken und bei mittlerer Hitze weiterdünsten.

3 Spaghetti durch ein Sieb abgießen, dabei 75 ml Nudelwasser auffangen. Nudeln, Nudelwasser und Mozzarellawürfel zu den Tomaten in die Pfanne geben. Alles durchschwenken, bis der Mozzarella Fäden zieht. Gehacktes Basilikum untermischen. Die Nudeln auf Teller verteilen und mit dem restlichen Olivenöl (1 EL pro Teller) beträufeln.

4 PERSONEN, 30 MINUTEN

TIPP:
Manchmal muss es einfach Pasta sein. Und Tomate-Mozzarella-Basilikum ist ein echter Klassiker.

Klingt exotisch, ist mexikanisch, ohne großen Einsatz von Küchengerätschaften zu bewerkstelligen und ganz fix auf dem Teller.

SCHARFE QUESADILLA

4 Frühlingszwiebeln
8 EL saure Sahne
Salz, Pfeffer
2 Tomaten
120 g Cheddar
4 Jalapeños
4 Tortillafladen

1 Frühlingszwiebeln putzen und in dünne Ringe schneiden. Saure Sahne in einer Schüssel glatt rühren, mit Salz und Pfeffer würzen. Tomaten fein würfeln, dabei den Stielansatz entfernen. Cheddar grob reiben. Jalapeños in Scheiben schneiden.

2 2 Tortillafladen mit der sauren Sahne bestreichen und mit Frühlingszwiebeln, Tomatenwürfeln, Cheddar und Jalapeñoscheiben bestreuen. Mit 2 weiteren Tortillas abdecken.

3 Eine Pfanne ohne Fett erhitzen und die Tortillas bei mittlerer Hitze von beiden Seiten 2–3 Minuten rösten. Herausnehmen, vierteln und heiß servieren.

2–4 PERSONEN, 20 MINUTEN

TIPP:
Wer keine Jalapeños bekommt, kann stattdessen Peperoni nehmen.

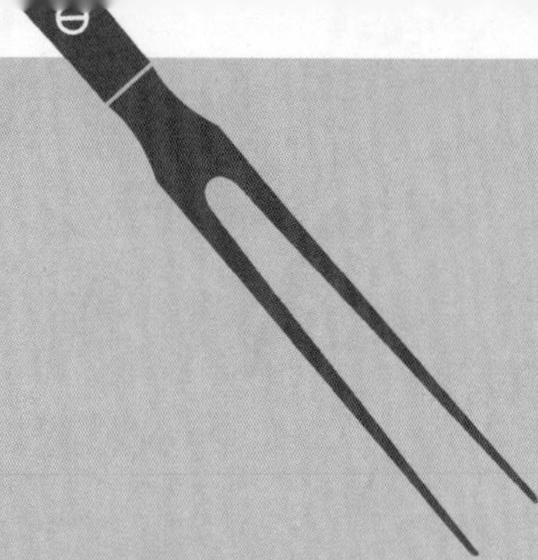

ROTKOHLSUPPE

TIPP: Diese Suppe lässt sich nicht nur unkompliziert zubereiten, sondern auch gut einfrieren. Also gleich die doppelte Menge machen.

400 g Rotkohl
150 g Zwiebeln
2 EL Sonnenblumenöl
1 EL Butter
2–3 EL Balsamico-Essig
Salz, Pfeffer, Zucker
gemahlener Piment
750 ml Geflügelbrühe
150 g Crème fraîche
½ Bund Schnittlauch

1 Rotkohl vierteln und den Strunk keilförmig herausschneiden. Rotkohlblätter in feine Streifen schneiden. Zwiebeln schälen und fein würfeln.

2 Öl und Butter in einem Topf erhitzen. Rotkohl und Zwiebeln darin unter gelegentlichem Rühren weich dünsten. Das dauert 25–30 Minuten. Mit Balsamico-Essig ablöschen. Mit Salz, Pfeffer, Zucker und etwas Piment würzen. Mit Geflügelbrühe aufgießen. Aufkochen und 10 Minuten köcheln lassen.

3 Die Suppe mit Crème fraîche im Mixer oder mit dem Stabmixer sehr fein pürieren. Anschließend durch ein Sieb zurück in den Topf passieren. Noch einmal aufkochen. Schnittlauch in feine Röllchen schneiden. Mit dem Stabmixer schaumig aufmixen und nochmals abschmecken. Auf Teller verteilen und mit Schnittlauchröllchen bestreuen.

4 PERSONEN, 20 MINUTEN + 40 MINUTEN GARZEIT

ZUCCHINIOMELETT

1 Zucchini (etwa 300 g) | 1 Knoblauchzehe | 40 g Parmesan | 4 Scheiben Parmaschinken | 4 Eier | 6 EL Sahne | 2 EL Olivenöl | Salz, Pfeffer

1 Backofen auf 180 °C vorheizen. Zucchini mit einem Sparschäler in dünne Streifen schälen. Knoblauch schälen und in dünne Scheiben schneiden. Parmesan fein reiben. Schinken quer in Streifen schneiden. Eier und Sahne verquirlen.

2 Öl in einer ofenfesten Pfanne erhitzen. Knoblauch darin andünsten. Zucchinis dazugeben, mit Salz und Pfeffer würzen. Eiersahne über die Zucchinistreifen gießen. Pfanne schwenken, damit sich die Eimasse gleichmäßig verteilt. Mit dem geriebenen Parmesan bestreuen. Die Eimasse bei mittlerer Hitze 2–3 Minuten mit Deckel stocken lassen.

3 Die Pfanne ohne Deckel in den Backofen schieben. Das Omelett 8–10 Minuten auf der zweiten Schiene von unten backen. Herausnehmen und mit den Schinkenstreifen bestreuen. Zusammenklappen und auf eine Platte gleiten lassen.

2–4 PERSONEN, 30 MINUTEN

JAPANISCHES OMELETT

150 g Shiitakepilze | 3 Frühlingszwiebeln | 1 EL helle Sesamsamen | 6 Eier | 4 EL Mirin | 3 EL Sojasauce | 4 EL Sonnenblumenöl | Pfeffer

1 Die Stiele der Shiitakepilze entfernen, die Kappen in Scheiben schneiden. Frühlingszwiebeln in feine Ringe schneiden. Sesamsamen in einer Pfanne ohne Fett anrösten. Eier mit 2 EL Mirin und 1 EL Sojasauce verquirlen.

2 1 EL Öl in einer kleinen beschichteten Pfanne erhitzen. Ein Sechstel der Eimasse in die Pfanne geben. Bei niedriger Hitze stocken lassen. Das Omelett von einer Seite her aufrollen und in der Pfanne lassen. Wieder ein Sechstel der Eimasse in die Pfanne geben, stocken lassen, mit dem fertigen Omelett aufrollen und in der Pfanne lassen. Eine dritte Portion Ei dazugeben, den Vorgang wiederholen. Das gesamte Omelett herausnehmen und warm halten. 1 EL Öl in die Pfanne geben, mit dem restlichen Ei ebenso verfahren und aus drei Lagen ein weiteres Omelett zubereiten. Aus der Pfanne nehmen und warm halten.

3 Restliches Öl (2 EL) in der Pfanne erhitzen. Pilze bei starker Hitze anbraten. Frühlingszwiebeln dazugeben und kurz mitbraten. Mit dem restlichen Mirin (2 EL) und der restlichen Sojasauce (2 EL) ablöschen. Mit Pfeffer würzen. Omeletts auf Teller legen und mit Pilzen und Sesamsamen bestreuen.

2–4 PERSONEN, 30 MINUTEN

ZIEGENKÄSEOMELETT MIT MARINIERTEN FEIGEN

6 Feigen | 5 EL Olivenöl | 3 EL Balsamico-Essig | 1 EL Senf | Salz, Pfeffer | **6 Eier** | **2 EL Sahne** | **160 g Ziegenfrischkäse** | 2 EL Butter | **1 Handvoll Basilikumblätter**

1 Feigen vierteln. Olivenöl mit Balsamico-Essig, 2 EL Wasser und Senf verquirlen. Mit Salz und Pfeffer würzen. Feigen in die Marinade legen und 15 Minuten ziehen lassen.

2 Eier, Sahne und Ziegenfrischkäse mit dem Stabmixer in einem hohen Gefäß verquirlen. Mit Salz und Pfeffer würzen. Butter in einer großen beschichteten Pfanne erhitzen. Die Eiermischung dazugeben, den Deckel auflegen und die Eimasse bei milder Hitze 8–10 Minuten stocken lassen.

3 Basilikumblätter in Streifen schneiden und zu den Feigen geben. Das Omelett zusammenklappen und aus der Pfanne auf eine Platte gleiten lassen. Mit den marinierten Feigen servieren.

2–4 PERSONEN, 30 MINUTEN

OMELETT MIT KRABBENSALAT

250 g Salatgurke | **150 g Radieschen** | 3 EL Weißweinessig | 4 EL Sonnenblumenöl | Salz, Pfeffer, Zucker | **6 Eier** | **2 EL Sahne** | 2 EL Butter | **1 Bund Dill** | **300 g Nordseekrabben**

1 Gurke schälen, längs halbieren, die Kerne entfernen und das Fruchtfleisch fein würfeln. Essig und Öl mit Salz, Pfeffer und 1 Prise Zucker verquirlen. Gurke und Radieschen mit dem Dressing übergießen. Ziehen lassen.

2 Eier und Sahne mit dem Stabmixer in einem hohen Gefäß verquirlen. Mit Salz und Pfeffer würzen. Butter in einer großen beschichteten Pfanne erhitzen. Eimasse in die Pfanne geben. Deckel auflegen und Eimasse zugedeckt bei milder Hitze 8–10 Minuten stocken lassen.

3 Dillspitzen abzupfen und grob hacken. Krabben und Dill zum Dressing geben. Alles mit Salz und Pfeffer abschmecken. Die Hälfte vom Krabbensalat auf dem Omelett verteilen. Das Omelett zusammenklappen und aus der Pfanne auf eine Platte gleiten lassen. Den restlichen Krabbensalat daneben anrichten.

2–4 PERSONEN, 30 MINUTEN

GEGRILLTE PAPRIKA MIT SARDELLEN UND ZIEGENKÄSE

1 Knoblauchzehe
6 rote und gelbe Paprikaschoten
1 Handvoll Minzeblätter
1 Handvoll Dillspitzen
8 Sardellenfilets in Olivenöl
5 EL Olivenöl
3 EL Weißweinessig
Salz, Pfeffer, Zucker
4 Ziegenkäsetaler von der Rolle

1 Backofengrill vorheizen. Knoblauchzehe in der Schale zerdrücken. Paprikaschoten vierteln, vom Stielansatz befreien und entkernen. Mit der Hautseite nach oben auf ein Backblech legen. Unter dem Backofengrill auf der obersten Schiene 6–8 Minuten grillen, bis die Haut schwarze Blasen wirft. Paprikaviertel herausnehmen und mit der Knoblauchzehe in einen Gefrierbeutel geben. Fest verschließen und 8–10 Minuten durchziehen lassen.

2 Paprika aus dem Beutel nehmen, die Haut abziehen und das Fruchtfleisch längs in Streifen schneiden. Minzeblätter und Dillspitzen grob hacken. Sardellenfilets auf Küchenpapier abtropfen lassen. Olivenöl mit Weißweinessig, Salz, Pfeffer und 1 Prise Zucker verquirlen. Kräuter untermischen. Paprikastreifen mit dem Ziegenkäse und den Sardellen auf Tellern anrichten. Mit dem Dressing beträufeln.

4 PERSONEN, 30 MINUTEN

Es ist ganz einfach, ohne großen Aufwand eine tolle Geflügelbrühe zu kochen, die nicht nur die Basis für diese Suppe ist. Sollte man immer im Vorrat haben!

ASIA-HÜHNERSUPPE

10 cm Ingwerwurzel
4 Frühlingszwiebeln
750 g Hühnerflügel
2 Sternanis
Salz
4 EL Sojasauce
Zucker
3 EL Sherry
200 g Shiitakepilze
Pfeffer

TIPP: Von der Hühnersuppe in Step 1 gleich die doppelte oder dreifache Menge kochen und portionsweise einfrieren (ohne Einlage).

1 Die Hälfte des Ingwers ungeschält in Scheiben schneiden. 2 Frühlingszwiebeln grob zerkleinern. Hühnerflügel grob zerhacken und mit 1,4 l Wasser, dem Sternanis, 1 TL Salz, der Sojasauce, 1 TL Zucker und dem Sherry in einen Topf geben. Alles aufkochen und 45 Minuten bei mittlerer Hitze ohne Deckel kochen lassen.

2 Die restlichen 2 Frühlingszwiebeln schräg in dünne Scheiben oder in 5 cm lange Streifen schneiden. Restlichen Ingwer (5 cm) schälen und in feine Streifen schneiden. Die Stiele der Shiitakepilze entfernen, die Kappen in Scheiben schneiden.

3 Die fertige Suppe durch ein Sieb passieren und zurück in den Topf geben. Das Fleisch von den Knochen lösen und mit den Shiitakepilzen in die Suppe geben. Aufkochen und mit Salz, Pfeffer und Zucker abschmecken. Auf Teller verteilen, mit den Ingwerstreifen und den Frühlingszwiebeln bestreuen.

4 PERSONEN, 25 MINUTEN + 45 MINUTEN GARZEIT

TIPP:
Den Mozzarella durch Scheiben von 1 Ziegenkäserolle ersetzen.

Die knusprige Panade und der weiche Mozzarella sind eine unwiderstehliche Kombination. Einfach zum Reinbeißen.

MOZZARELLASTICKS MIT BACON

5 EL Olivenöl
8 Scheiben Bacon
2 Kugeln Mozzarella (aus Kuhmilch; à 125 g)
2 Eier
Salz, Pfeffer
½ TL Cayennepfeffer
50 g Mehl
150 g Polenta
50 g Butter
2 Zweige Rosmarin

1 1 EL Olivenöl in eine große Pfanne geben. Baconstreifen darin bei mittlerer Hitze knusprig braten. Mozzarella-Kugeln abtropfen lassen, mit Küchenpapier trocken tupfen und längs halbieren. Die Hälften jeweils längs in 4 Stücke schneiden.

2 Eier in einer Schale verquirlen und mit Salz, Pfeffer und Cayennepfeffer würzen. Mehl und Polentagrieß jeweils auf einen flachen Teller geben. Mozzarellastücke zuerst im Mehl wenden, überschüssiges Mehl abklopfen. Dann durch die Eimasse ziehen, abtropfen lassen und zuletzt in der Polenta wenden.

3 Restliches Olivenöl (4 EL) mit der Butter in die Pfanne geben und erhitzen. Rosmarin dazugeben. Die Mozzarellasticks bei starker Hitze kurz von jeder Seite goldgelb braten. Auf Küchenpapier abtropfen lassen. Mit den Baconscheiben auf Teller verteilen.

2–4 PERSONEN, 25 MINUTEN

Carbonara mal anders. Der Spargel passt wirklich super zu Bacon, Parmesan, Ei und Basilikum.

SPAGHETTI CARBONARA MIT SPARGEL

500 g weißer Spargel

100 g Bacon, in dünnen Scheiben

2 EL Butter

400 g Spaghetti

Salz

90 g Parmesan

4 Eier

Pfeffer

1 Handvoll Basilikumblätter

1 Spargel schälen und in dünne Scheiben schneiden. Bacon quer in Streifen schneiden und in einer Pfanne ohne Fett knusprig braten. Bacon aus der Pfanne nehmen. Butter in die Pfanne geben und die Spargelscheiben darin 3–4 Minuten braten.

2 Spaghetti in reichlich kochendem Salzwasser nach Packungsanweisung bissfest garen, dann in einem Sieb abtropfen lassen, dabei 100 ml Nudelwasser auffangen. Parmesan fein reiben. Die Hälfte vom Parmesan mit den Eiern in einer Schüssel verquirlen.

3 Spaghetti mit Bacon, Spargelscheiben und Nudelwasser in der Pfanne 1 Minute aufkochen lassen. In eine vorgewärmte Schüssel schütten. Die Eiermischung sofort unterheben. Mit Pfeffer würzen. Die Pasta auf Teller verteilen, mit dem restlichen Käse und den Basilikumblättern bestreuen.

4 PERSONEN, 30 MINUTEN

TIPP: Soba-Nudeln aus Buchweizenmehl gibt´s wie die Miso-Paste und die Wakame-Algen im Asialaden.

Die beste Suppe für eine Party. Lässt sich gut für viele Gäste vorbereiten: Einfach die Einlage schon auf die Suppenschalen verteilen und die heiße Suppe daraufschöpfen, wenn der große Hunger kommt.

MISO-SUPPE MIT SOBA-NUDELN

2 g Instant-Wakame-Algen
80 g Shiitakepilze
5 Frühlingszwiebeln
200 g Soba-Nudeln
800 ml Geflügelbrühe
Sojasauce
helle Miso-Paste
Pfeffer

1 Wakame-Algen in lauwarmem Wasser einweichen. Stiele der Shiitakepilze abschneiden und die Kappen leicht einritzen. Frühlingszwiebeln schräg in Scheiben schneiden. Soba-Nudeln nach Packungsanweisung garen, abschrecken und abtropfen lassen.

2 Geflügelbrühe erhitzen und mit 1–2 EL Sojasauce würzen. Die Shiitakepilze hinzufügen und 5 Minuten garen. Zwei Drittel der Frühlingszwiebeln nach 4 Minuten in die Suppe geben. Herd ausschalten. 200 ml der Brühe abnehmen und die Miso-Paste gut damit verrühren. Die Mischung in die Suppe rühren, die nicht mehr kochen darf.

3 Suppe mit Sojasauce und Pfeffer abschmecken. Algen und Soba-Nudeln auf vier Suppenschalen verteilen. Mit Suppe auffüllen und mit den restlichen Frühlingszwiebeln bestreuen.

4 PERSONEN, 25 MINUTEN

Brokkoli ist nicht jedermanns Sache – mit Salsicce, den pikanten italienischen Bratwürsten aus grobem Rind- und Schweinefleisch, findet er bestimmt neue Freunde!

BROKKOLI MIT SALSICCIA UND SCHAFSKÄSE

800 g Brokkoli
Salz
1 Zwiebel
80 g schwarze Oliven ohne Stein
4 Salsicce
1 Handvoll Petersilienblätter
150 g Schafskäse
3 EL Olivenöl
Pfeffer

1 Brokkoli in Röschen teilen. Den Strunk schälen und in 2 cm lange Stifte schneiden. Brokkoli in einem Topf in kochendem Salzwasser 3 Minuten garen. Anschließend kalt abschrecken, durch ein Sieb schütten und abtropfen lassen.

2 Zwiebel schälen und fein würfeln. Oliven grob klein schneiden. Salsicce in Scheiben schneiden. Petersilienblätter grob hacken. Schafskäse zerkrümeln.

3 Olivenöl in einer Pfanne erhitzen. Wurstscheiben darin 4–5 Minuten von allen Seiten anbraten. Zwiebel dazugeben und glasig dünsten. Brokkoli hinzufügen und 2–3 Minuten mitdünsten. Oliven und Petersilie untermischen. Weitere 1–2 Minuten garen. Schafskäse untermischen. Mit Salz und Pfeffer würzen und auf Teller verteilen.

4 PERSONEN, 30 MINUTEN

TIPP:
Wer keine italienischen Würste bekommt, kauft eine einheimische grobe Bratwurst.

Chiliburger: 1–2 rote Chilischoten mit Kernen in Ringe schneiden und mit den Zwiebeln anbraten.

BURGER MIT ROQUEFORT

400 g Zwiebeln
5 EL Olivenöl
1 EL Zucker
600 g Tatar
Salz, Pfeffer
100 g Friséesalat
80 g Roquefort
4 Burgerbrötchen
4 TL Senf
4 EL Ketchup

TIPP: Wer keinen Roquefort oder Blauschimmelkäse mag, nimmt 4 Scheiben würzigen Hartkäse (alten Gouda, Greyerzer oder Cheddar).

1 Zwiebeln schälen und in dünne Streifen schneiden. 3 EL Olivenöl in einer Pfanne erhitzen und die Zwiebeln darin goldbraun braten. Mit Zucker bestreuen und karamellisieren lassen. Zwiebeln aus der Pfanne nehmen und beiseitestellen.

2 Backofen auf 100 °C vorheizen. Tatar mit Salz und Pfeffer würzen und gut vermengen. Aus der Masse 4 große flache Frikadellen formen, zwischen zwei Lagen Frischhaltefolie in den Kühlschrank stellen. Salat in mundgerechte Stücke zupfen, Roquefort zerbröckeln. Brötchen im Backofen auf einem Backblech erwärmen.

3 Burger aus dem Kühlschrank nehmen. In 2 Portionen in einer heißen Grillpfanne mit je 1 EL Öl 4–5 Minuten auf beiden Seiten braten, dabei mehrmals wenden. Käse auf den heißen Burgern verteilen.

4 Brötchen aufschneiden, vier Hälften mit 1 TL Senf und vier Hälften mit 1 EL Ketchup bestreichen. Die unteren Hälften mit den Burgern, dem Frisée und den karamellisierten Zwiebeln belegen. Die oberen Hälften darauflegen, etwas festdrücken und auf Tellern anrichten.

4 PERSONEN, 30 MINUTEN

TIPP:
Sesam passt toll zu Kartoffeln. Neben den Samen eignet sich auch Sesampaste gut zum Würzen.

OFENKARTOFFELN

1 **Gilt für alle Ofenkartoffeln: Backofen auf 250 °C vorheizen. Kartoffeln mit 2 EL Olivenöl und 1 Prise Salz in eine Schüssel geben. Einzeln in Alufolie wickeln und auf ein Backblech legen. Etwa 45 Minuten auf der zweiten Schiene von unten im Backofen garen. Die Kartoffeln anschließend von der Alufolie befreien und in weiteren 10 Minuten knusprig backen.**

MIT AVOCADO-THUNFISCH-SALAT

4 Ofenkartoffeln (à etwa 400 g) | 6 EL Olivenöl | Salz | 1 Bio-Limette | Pfeffer, Zucker | 2 Avocados | 2 rote Zwiebeln | 400 g Thunfisch in Sushi-Qualität | ½ Bund Koriandergrün

2 Für das Salatdressing die Limettenschale abreiben, den Saft auspressen. Limettensaft und -schale sowie restliches Olivenöl (4 EL) in einer Salatschüssel verquirlen. Mit Salz, Pfeffer und 1 Prise Zucker abschmecken.

3 Avocados halbieren, den Stein entfernen, vierteln und die Schale abziehen. Das Fruchtfleisch würfeln. Zwiebeln schälen und in feine Streifen schneiden. Avocado und Zwiebeln vorsichtig mit dem Dressing vermischen.

4 Thunfisch trocken tupfen und fein würfeln. Koriander mit den zarten Stielen grob hacken. Beides zum Salat geben und vorsichtig unterheben. Die fertig gebackenen Kartoffeln kreuzförmig einschneiden, auseinanderdrücken, auf Teller legen und den Thunfisch-Avocado-Salat darüberlöffeln.

4 PERSONEN, 20 MINUTEN + 55 MINUTEN GARZEIT

MIT SESAMJOGHURT

4 Ofenkartoffeln (à etwa 400 g) | 6 EL Olivenöl | Salz | 500 g griechischer Joghurt (10 % Fett) | 4–5 EL Sesampaste (Tahini) | 2–3 EL Zitronensaft | Pfeffer, Zucker | 1 rote Chilischote | 1 Handvoll Minzeblätter

2 Joghurt mit Sesampaste und Zitronensaft in einer Schüssel glatt rühren. Mit Salz, Pfeffer und 1 Prise Zucker abschmecken. Chilischote fein würfeln. Die Minzeblätter in feine Streifen schneiden. Chiliwürfel und Minzestreifen unter den Joghurt rühren.

3 Die fertig gebackenen Kartoffeln kreuzförmig einschneiden, auseinanderdrücken und auf Teller legen. Den Sesamjoghurt darüberlöffeln.

4 PERSONEN, 15 MINUTEN + 55 MINUTEN GARZEIT

MIT WASABI-QUARK

4 Ofenkartoffeln (à etwa 400 g) | 4 EL Olivenöl | Salz | 2 EL helle Sesamsamen | 600 g Magerquark | 1 EL geröstetes Sesamöl | 1–2 TL Wasabi-Paste | Pfeffer | 5 Frühlingszwiebeln

2 Sesamsamen in einer Pfanne ohne Fett goldbraun rösten. Quark mit dem restlichen Olivenöl (2 EL), dem Sesamöl und der Wasabi-Paste in eine Schüssel geben und cremig rühren. Mit Salz und Pfeffer abschmecken.

3 Frühlingszwiebeln schräg in dünne Scheiben schneiden. Knapp die Hälfte mit dem Quark verrühren. Die restlichen Scheiben 10 Minuten in eiskaltes Wasser legen, dann abtropfen lassen.

4 Die fertig gebackenen Kartoffeln kreuzförmig einschneiden, auseinanderdrücken und auf Tellern mit dem Wasabi-Quark anrichten. Mit Frühlingszwiebeln und Sesamsamen bestreuen.

4 PERSONEN, 20 MINUTEN + 55 MINUTEN GARZEIT

VEGETARISCHES

Die Pilze machen aus dem Salat eine komplette Mahlzeit, die in null Komma nichts auf dem Teller ist.

TOMATENSALAT MIT GEBRATENEN PILZEN

1 Bund Schnittlauch
400 g gemischte Pilze (z. B. Kräuterseitlinge, Champignons, Pfifferlinge)
60 g Parmesan
1 Knoblauchzehe
6 EL Olivenöl
Salz, Pfeffer, Zucker
600 g Tomaten
1 EL Butter
1–2 EL Zitronensaft

1. Schnittlauch in feine Röllchen schneiden. Pilze in mundgerechte Stücke schneiden. Parmesan in dünne Scheiben hobeln. Knoblauchzehe mit der Schale zerdrücken.

2. Vier flache Teller mit je 1 EL Olivenöl beträufeln und mit Salz, Pfeffer und 1 Prise Zucker bestreuen. Tomaten in Scheiben schneiden und auf den Tellern verteilen.

3. Restliches Olivenöl (2 EL) in einer Pfanne erhitzen. Pilze und Knoblauch darin bei starker Hitze 3–4 Minuten anbraten. Die Butter und die Hälfte vom Schnittlauch untermischen. Pilze mit Salz, Pfeffer und Zitronensaft abschmecken.

4. Gebratene Pilze auf den Tomaten verteilen. Mit dem gehobelten Parmesan und dem restlichen Schnittlauch bestreuen.

4 PERSONEN, 20 MINUTEN

Bei den Shiitakepilzen immer den holzigen Stiel ganz entfernen, denn der schmeckt überhaupt nicht.

COUSCOUS MIT SHIITAKEPILZEN

- 1 EL Butter
- Salz
- 150 g Instant-Couscous
- 150 g Shiitakepilze
- 1 Knoblauchzehe
- 8 getrocknete Tomaten
- 1 Bund Petersilie
- 6 EL Olivenöl
- Pfeffer
- 2–4 EL Zitronensaft

1 170 ml Wasser mit der Butter und etwas Salz aufkochen. Couscous dazugeben, vom Herd nehmen und zugedeckt 5 Minuten quellen lassen. Mit einer Gabel auflockern und beiseitestellen.

2 Die Stiele der Shiitakepilze entfernen, die Kappen klein schneiden. Knoblauchzehe mit Schale zerdrücken. Getrocknete Tomaten in feine Streifen schneiden. Petersilienblätter abzupfen und grob hacken.

3 3 EL Olivenöl in einer großen Pfanne erhitzen. Pilze und Knoblauch darin 1–2 Minuten anbraten. Petersilie und getrocknete Tomaten hinzufügen und kurz mitbraten. Couscous und das restliche Olivenöl (3 EL) dazugeben. Mit Salz, Pfeffer und Zitronensaft abschmecken.

4 PERSONEN, 25 MINUTEN

TIPP:
Lässt sich gut ins Büro mitnehmen und aufwärmen. Schmeckt aber auch kalt.

TIPP:
Von der Limette wirklich nur die Schale abschneiden, nicht die bittere weiße Schicht darunter.

Eine leckere Suppe für Asia-Fans, die an kalten Tagen wärmt und richtig satt macht. Schmeckt nach mehr als sechs Zutaten!

SÜSSKARTOFFEL-LIMETTEN-SUPPE

800 g Süßkartoffeln
2 Zwiebeln
1 rote Chilischote
3 Bio-Limetten
2 EL Butter
400 ml Kokosmilch
750 ml Gemüsebrühe
Salz, Zucker, Pfeffer

1 Süßkartoffeln schälen, längs vierteln und in etwa 1 cm große Würfel schneiden. Zwiebeln schälen und fein würfeln. Chilischote längs halbieren, die Kerne entfernen und das Fruchtfleisch fein hacken.

2 Limetten schälen. Limettenschale fein schneiden und hacken. Dann die Limetten halbieren und auspressen. Butter in einem Topf erhitzen. Süßkartoffeln und Zwiebeln darin 4–5 Minuten anbraten. Die Hälfte der Chilischote dazugeben, mit Kokosmilch, Brühe und Limettensaft auffüllen. Mit Salz würzen und zugedeckt 20 Minuten garen. Vom Herd nehmen.

3 Suppe mit dem Stabmixer fein pürieren. Mit 1 Prise Zucker und Pfeffer abschmecken. Die Suppe auf Schalen verteilen, mit Limettenschale und der restlichen gehackten Chilischote bestreuen.

4 PERSONEN, 40 MINUTEN

Butternuss-Kürbis muss zwar im Gegensatz zum Hokkaido geschält werden, hat aber ein tolles Kürbisaroma und ein schönes festes Fruchtfleisch.

LAUWARMER KÜRBISSALAT

1 EL flüssiger Honig
5 EL Weißweinessig
80 ml Olivenöl
Salz, Pfeffer
1 rote Chilischote
800 g Butternuss-Kürbis
150 g Baby-Blattspinat
200 g Schafskäse
1 rote Zwiebel

1 Backofen auf 180 °C vorheizen. Für die Marinade Honig mit Essig und Olivenöl in einer Schale verrühren. Mit Salz und Pfeffer würzen. Chilischote grob hacken und dazugeben.

2 Kürbis schälen, längs halbieren und die Kerne mit einem Löffel herausschaben. Das Fruchtfleisch in etwa 1,5 cm große Stücke schneiden und in die Marinade geben. Alles gut vermengen und 5 Minuten ziehen lassen.

3 Kürbis abtropfen lassen und in einer Auflaufform verteilen. Die Marinade aufbewahren. Im Backofen auf der mittleren Schiene 25–30 Minuten garen.

4 Inzwischen den Spinat trocken schleudern. Schafskäse in Stücke brechen. Zwiebel schälen, fein würfeln und mit 3 EL Wasser zur Marinade geben.

5 Kürbis aus dem Ofen nehmen und etwas abkühlen lassen. Kürbis mit dem Spinat vermischen und auf Teller verteilen. Mit dem Schafskäse bestreuen und mit der restlichen Marinade beträufeln.

TIPP: Baby-Blattspinat gibt es fertig geputzt zu kaufen.

4 PERSONEN, 40 MINUTEN

TIPP:
Linsen eignen sich nicht nur für Suppe, sondern auch für Salat, und machen richtig satt.

KARTOFFEL-LINSEN-SALAT MIT RÄUCHERTOFU

800 g festkochende Kartoffeln | Salz | **200 g rote Zwiebeln** | 7 EL Olivenöl | 80 ml Weißweinessig | **300 ml Gemüsebrühe** | Pfeffer, Zucker | **150 g gegarte braune Linsen (Glas)** | **150 g Radicchio** | **200 g Räuchertofu**

1 Kartoffeln in einem Topf mit Salzwasser in etwa 20 Minuten weich kochen. Zwiebeln schälen und fein würfeln. 2 EL Olivenöl in einer Pfanne erhitzen und die Zwiebeln darin glasig dünsten. Pfanne vom Herd nehmen, Zwiebeln mit Essig und Brühe bedecken. Marinade mit Salz, Pfeffer und 1 Prise Zucker würzen.

2 Kartoffeln abgießen, noch warm pellen, in Scheiben schneiden und in die Marinade geben. Gegarte Linsen untermengen. 2–3 Stunden abgedeckt durchziehen lassen.

3 Radicchio in Stücke zupfen. Räuchertofu in 5 mm große Würfel schneiden. Restliches Olivenöl (5 EL) unter den Salat rühren. Noch einmal abschmecken. Radicchio und Räuchertofu unterheben.

4 PERSONEN, 45 MINUTEN + 2–3 STUNDEN MARINIEREN

LINSENSUPPE MIT CASHEW

80 g Cashewkerne | **1 Bund Suppengrün (Möhren, Sellerie, Lauch, Petersilie)** | 2 EL Sonnenblumenöl | 5 EL Butter | **200 g Berglinsen** | **1½ l Gemüsebrühe** | **1 Bund Schnittlauch** | 1 EL Senf | **Rauchsalz** | Salz, Pfeffer, Zucker | Balsamico-Essig

1 Cashewkerne in einer Pfanne ohne Fett anrösten. Möhre und Sellerie schälen, fein würfeln. Das Weiße und das Hellgrüne vom Lauch getrennt fein würfeln. Öl mit 2 EL Butter in einem Topf erhitzen. Möhren und Sellerie darin 3–4 Minuten dünsten. Den grünen Teil vom Lauch dazugeben und kurz mitdünsten. Linsen und Gemüsebrühe dazugeben, einmal aufkochen. Dann bei mittlerer Hitze etwa 30 Minuten sanft köcheln lassen.

2 Schnittlauch in feine Röllchen schneiden. Cashewkerne grob hacken. Wenn die Linsen weich sind, den Topf vom Herd nehmen. Die restliche Butter (3 EL) in einer Pfanne aufschäumen lassen. Den weißen Teil vom Lauch dazugeben, kurz andünsten und unter die Suppe rühren. Mit Senf, Rauchsalz, Salz, Pfeffer, Zucker und Essig kräftig abschmecken. Auf Teller verteilen. Mit Schnittlauchröllchen und Cashewkernen bestreuen.

4 PERSONEN, 30 MINUTEN + 30 MINUTEN GARZEIT

ROTER LINSENSALAT

160 g rote Linsen | Salz, Pfeffer | **5 Passionsfrüchte (Maracuja)** | 1–2 EL Weißweinessig | 6–8 EL Olivenöl | Zucker | **1 Bio-Salatgurke** | **100 g Kirschtomaten** | **1 Bund Schnittlauch** | **150 g Schafskäse**

1 Wasser in einem Topf aufkochen, die Linsen hineingeben und bei milder Hitze 10–12 Minuten im offenen Topf köcheln, bis sie weich sind.

2 Für das Dressing Passionsfrüchte quer halbieren, das Fruchtfleisch mit einem Teelöffel herauslösen. Mit Essig und Olivenöl in einer Schüssel verrühren. Mit Salz, Pfeffer und 1 Prise Zucker abschmecken.

3 Die Linsen in einem Sieb abtropfen lassen und noch warm mit zwei Dritteln des Dressings verrühren. Von der Gurke längs ringsherum 4–5 Streifen Schale abschälen, in dünne Scheiben schneiden oder hobeln. Tomaten halbieren. Schnittlauch in feine Röllchen schneiden.

4 Gurkenscheiben, Tomaten, Linsen und Schnittlauch vermischen. Den Salat auf Teller geben. Den Schafskäse zerbröckeln und zusammen mit der restlichen Vinaigrette auf dem Salat verteilen.

4 PERSONEN, 30 MINUTEN

PAK CHOI MIT CASHEWKERNEN

60 g Cashewkerne
400 g Baby-Pak-Choi
2 Knoblauchzehen
3 EL Sonnenblumenöl
1 TL Zucker
4 EL Sojasauce
3 EL Sherry
200 ml Gemüsebrühe
1–2 TL Speisestärke
Pfeffer

TIPP: Wer keinen Alkohol mag oder keinen Sherry hat, kann auch Apfelsaft nehmen. Die Sauce schmeckt dann milder.

1 Cashewkerne in einer Pfanne ohne Fett goldbraun rösten. Pak Choi längs halbieren. Knoblauch schälen und fein hacken.

2 Öl in einer Pfanne erhitzen. Knoblauch darin bei starker Hitze anbraten. Zucker darüberstreuen und unter Rühren mit Sojasauce, Sherry und Gemüsebrühe ablöschen. Pak Choi mit der Schnittfläche nach unten in die Pfanne legen. Cashewkerne dazugeben und alles zugedeckt bei mittlerer Hitze 3–4 Minuten schmoren.

3 Speisestärke mit 4 EL kaltem Wasser anrühren. Gemüsesud aus der Pfanne in einen kleinen Topf gießen. Pak Choi zugedeckt beiseitestellen. Den Sud aufkochen, die Stärke hineingießen und alles einmal kurz aufkochen, bis die Sauce bindet. Sauce über den Pak Choi gießen. Auf Teller verteilen und mit Pfeffer würzen.

4 PERSONEN, 20 MINUTEN

Ein toller Wintersalat! Der Sesam gibt dem Chinakohl den richtigen Kick und dem Salat zusammen mit Sprossen und Miso eine schöne asiatische Note.

CHINAKOHLSALAT MIT MISO-DRESSING

2 EL helle Miso-Paste
3 Frühlingszwiebeln
5 EL Weißweinessig
3 EL Sonnenblumenöl
Salz, Pfeffer, Zucker
250 g Chinakohl
1 Bio-Salatgurke
2 EL helle Sesamsamen
40 g Sprossen (z. B. Erbsen, Radieschen)

1 150 ml Wasser in einem Topf aufkochen. Miso-Paste dazugeben und unter Rühren auflösen. Vom Herd nehmen und abkühlen lassen.

2 Frühlingszwiebeln putzen, waschen und in feine Ringe schneiden. Weißweinessig und Öl zur Miso-Sauce geben. Mit Salz, Pfeffer und 1 TL Zucker würzen. Frühlingszwiebeln untermischen.

3 Chinakohl in sehr feine Streifen schneiden. Von der Gurke längs ringsherum 4–5 Streifen Schale abschälen. Gurke längs halbieren und die Kerne mit einem Teelöffel herausschaben. In 5 mm dicke Scheiben schneiden.

4 Sesamsamen in einer Pfanne ohne Fett goldgelb rösten. Chinakohl, Gurke und Sprossen mit dem Dressing mischen. Mit dem gerösteten Sesam bestreuen.

TIPP:
Super auch fürs Picknick oder die Mittagspause, wenn man das Dressing getrennt einpackt.

4 PERSONEN, 20 MINUTEN

So einen gemischten Salat habt ihr bestimmt schon oft gegessen – nur nicht mit diesem leckeren Dressing.

GEMISCHTER SALAT MIT KOKOSDRESSING

2 rote Zwiebeln
200 g Kirschtomaten
1 Bio-Salatgurke
2 Römersalatherzen
1–2 Limetten
80 ml Kokosmilch
Salz, Pfeffer, Zucker

1 Zwiebeln schälen und in dünne Streifen schneiden. Tomaten halbieren. Gurke längs halbieren und die Kerne mit einem Teelöffel entfernen. Die Gurke schräg in etwa 5 mm dicke Scheiben schneiden. Römersalat in Stücke schneiden und mundgerecht zerzupfen.

2 Für das Dressing Limetten auspressen und Saft mit der Kokosmilch verrühren. Mit Salz, Pfeffer und 1–2 TL Zucker abschmecken. Die vorbereiteten Zutaten mit dem Dressing mischen und nochmals kräftig mit Pfeffer würzen.

4 PERSONEN, 20 MINUTEN

KARTOFFEL-FENCHEL-GRATIN

400 g Fenchelknollen | 2 EL Butter | 1 TL Fenchelsamen | 80 ml Weißwein | 250 ml Gemüsebrühe | 300 g Sahne | Salz, Pfeffer, Zucker | 800 g festkochende Kartoffeln

1 Den Backofen auf 200 °C vorheizen. Fenchelknollen halbieren und in dünne Scheiben schneiden. Das Grün hacken und beiseitelegen. Butter in einer Pfanne erhitzen und Fenchelscheiben darin andünsten. Fenchelsamen dazugeben. Mit Wein ablöschen. Flüssigkeit fast vollständig einkochen lassen. Brühe auffüllen, aufkochen lassen und Pfanne vom Herd nehmen. Alles durch ein Sieb abschütten, dabei die Flüssigkeit auffangen. Fenchelscheiben abtropfen lassen. Sahne zur Kochflüssigkeit geben. Mit Salz, Pfeffer und 1 Prise Zucker würzen.

2 Kartoffeln schälen und in dünne Scheiben schneiden. Kartoffeln und Fenchel abwechselnd in eine Auflaufform schichten. Jede Lage mit Salz und Pfeffer würzen. Die Sahnemischung darübergießen. Gratin im Backofen auf der mittleren Schiene 45–50 Minuten backen. Wird die Oberfläche zu dunkel, mit Alufolie abdecken. Herausnehmen und mit dem gehackten Fenchelgrün bestreuen.

4 PERSONEN, 25 MINUTEN + 50 MINUTEN GARZEIT

SCHNELLES KARTOFFELGRATIN

2 Knoblauchzehen | 800 g festkochende Kartoffeln | 3 EL Butter | 100 ml Weißwein | 200 g Sahne | 300 ml Milch | Salz, Pfeffer | geriebene Muskatnuss | 80 g Parmesankäse

1 Knoblauch schälen und fein hacken. Kartoffeln schälen und sehr dünne Scheiben schneiden. 2 EL Butter in einem Topf zerlassen, Knoblauch darin bei mittlerer Hitze andünsten. Mit Weißwein auffüllen. Flüssigkeit fast ganz einkochen lassen. Kartoffelscheiben, Sahne und Milch hinzufügen. Mit Salz, Pfeffer und Muskatnuss würzen. Bei mittlerer Hitze 30 Minuten köcheln lassen.

2 Backofengrill vorheizen. Parmesan fein reiben. Eine Auflaufform mit 1 EL Butter ausfetten. Kartoffelmischung hineingeben und mit dem Parmesan bestreuen. Unter dem Grill in 5–6 Minuten knusprig und goldbraun überbacken.

4 PERSONEN, 20 MINUTEN + 35 MINUTEN GARZEIT

BIRNEN-KARTOFFEL-GRATIN

4 Zweige Thymian | 800 g festkochende Kartoffeln | 250 g Birnen | 300 ml Milch | 160 g Gorgonzola mit Mascarpone | Salz, Pfeffer | 3 EL weiche Butter | 1 Bund Schnittlauch

1 Den Backofen auf 200 °C vorheizen. Thymianblättchen abzupfen und grob hacken. Kartoffeln schälen und in sehr dünne Scheiben schneiden. Birnen schälen, vierteln und das Kerngehäuse entfernen. Fruchtfleisch in kleine Würfel schneiden. Milch mit dem Thymian in einem Topf erwärmen. Den Gorgonzola darin unter Rühren auflösen. Kräftig mit Salz und Pfeffer würzen.

2 Eine Auflaufform mit 1 EL Butter ausfetten. Kartoffelscheiben und Birnenwürfel in der Form verteilen. Salzen, pfeffern und mit der Gorgonzolamilch übergießen. Restliche Butter (2 EL) in Flöckchen darüber verteilen. Im Backofen auf der mittleren Schiene 45–50 Minuten backen. Wird die Oberfläche zu dunkel, mit Alufolie abdecken. Schnittlauch in feine Röllchen schneiden. Gratin aus dem Ofen nehmen und mit Schnittlauch bestreuen.

4 PERSONEN, 15 MINUTEN + 50 MINUTEN GARZEIT

ASIA-KARTOFFELGRATIN

150 g Zwiebeln | 600 g festkochende Kartoffeln | 30 g Greyerzer oder Parmesan | 1 EL Butter | 1½ EL rote Currypaste | 250 ml Kokosmilch | Salz, Zucker | 4 Stängel Thai-Basilikum

1 Den Backofen auf 200 °C vorheizen. Zwiebeln schälen und fein würfeln. Kartoffeln schälen und in etwa 3 mm dünne Scheiben hobeln. Käse fein reiben. Butter in einem Topf erhitzen. Zwiebelwürfel darin glasig dünsten. Currypaste hinzufügen und unter Rühren mitdünsten. Mit 200 ml Wasser ablöschen und mit der Kokosmilch auffüllen. Mit Salz und 1 TL Zucker würzen, aufkochen lassen, die Kartoffelscheiben dazugeben und nochmals aufkochen. Vom Herd nehmen.

2 Kartoffelmasse in eine Auflaufform füllen und im Backofen auf der mittleren Schiene 55 Minuten garen. Den geriebenen Käse 10 Minuten vor Ende der Garzeit auf dem Gratin verteilen. Thai-Basilikumblätter abzupfen und in Streifen schneiden. Gratin herausnehmen und mit Thai-Basilikum bestreuen.

4 PERSONEN, 15 MINUTEN + 55 MINUTEN GARZEIT

Ein feiner Salat, mit dem man auch mal die Gäste beeindrucken kann.

RÖMERSALAT MIT WACHTELEIERN

8 Wachteleier
1 Römersalat
½ Bund Schnittlauch
1 Vanilleschote
1 TL mittelscharfer Senf
3–4 EL Zitronensaft
Salz, Pfeffer, Zucker
6 EL Olivenöl

TIPP: Wachteleier schmecken natürlich sehr fein, sind aber nichts für jeden Tag. Für einen Alltagssalat einfach 4 hart gekochte Eier nehmen und geviertelt auf den Salat legen.

1 Wachteleier 2 Minuten in kochendem Wasser kochen, abgießen, abschrecken und vorsichtig pellen. Vom Römersalat Strunk abschneiden und den Kopf in Blätter zerteilen. Schnittlauch in feine Röllchen schneiden.

2 Für das Dressing die Vanilleschote längs aufschlitzen, das Mark herauskratzen und in eine Schale geben. Senf, 2–3 EL Wasser und den Zitronensaft dazugeben. Mit Salz, Pfeffer und 1 Prise Zucker würzen. Die Zutaten verquirlen, bis sich Salz und Zucker aufgelöst haben. Das Olivenöl unterrühren und den Schnittlauch hinzufügen.

3 Salat auf Teller verteilen und mit dem Dressing beträufeln. Wachteleier halbieren und auf den Salat legen.

4 PERSONEN, 15 MINUTEN

Dieser warme Salat schmeckt toll zu Gegrilltem und lässt sich problemlos auch für mehr Personen zubereiten.

STAUDENSELLERIE-ARTISCHOCKEN-SALAT

1 Staudensellerie
3 Scheiben Bauernbrot
1 Bund Schnittlauch
4 EL Balsamico-Essig
1 EL Senf
8 EL Olivenöl
Salz, Pfeffer
3 EL Tapenade
2 EL Butter
5 EL Weißweinessig
2 große Artischocken (à etwa 500 g)

1 Staudensellerie in Scheiben, Brot in 2 cm große Würfel und Schnittlauch in Röllchen schneiden. Balsamico-Essig, 3 EL Wasser, Senf, 4 EL Öl, Salz, Pfeffer und Tapenade verquirlen. Dressing beiseitestellen. 2 EL Öl und 1 EL Butter in einer Pfanne erhitzen. Brotwürfel goldbraun braten.

2 Weißweinessig und 1 l kaltes Wasser in eine Schüssel geben. Artischockenstiele am Bodenansatz abbrechen. Äußere Blätter abtrennen, bis der Boden sichtbar wird. Innere Blätter knapp über dem Boden quer abschneiden. Das »Heu« (so heißen die Fäden) mit einem Löffel herauskratzen. Artischockenböden ins Essigwasser legen, damit sie nicht braun anlaufen. Dann in kleine Würfel schneiden.

3 Restliches Öl (2 EL) in der Pfanne erhitzen. Artischockenwürfel anbraten. Staudensellerie 2–3 Minuten mitbraten. Restliche Butter (1 EL) dazugeben, salzen und pfeffern. Mit dem Dressing vermischen. Mit Schnittlauchröllchen und Brotwürfeln bestreuen.

TIPP:
Die würzige Olivenpaste Tapenade gibt es auch ohne Sardellen im Handel.

4 PERSONEN, 40 MINUTEN

Die meisten kennen den Radicchio wahrscheinlich nur als Salat. Probiert ihn mal so – geht fix und schmeckt lecker.

RADICCHIO-CHAMPIGNON-GEMÜSE

250 g Radicchio
200 g Champignons
1 Bio-Limette
100 g Sahne
2 EL Butter
4 EL Weißwein
Zucker, Salz, Pfeffer

1 Den Radicchiostrunk keilförmig herausschneiden. Die äußeren Blätter entfernen. Restliche Blätter ablösen und 15 Minuten in einer Schüssel mit warmem Wasser einweichen. Dann herausnehmen und gut abtropfen.

2 Champignons putzen und in dünne Scheiben schneiden. Limettenschale abreiben und den Saft auspressen. Sahne leicht aufschlagen, sie sollte fast noch flüssig sein.

3 Butter in einer großen Pfanne zerlassen. Champignons darin 2–3 Minuten dünsten. Die Radicchioblätter hinzufügen und zusammenfallen lassen. Weißwein, Limettenschale und 1 Prise Zucker dazugeben. Sahne unterheben und bei milder Hitze 1–2 Minuten ziehen lassen. Mit Salz, Pfeffer und Limettensaft abschmecken.

4 PERSONEN, 25 MINUTEN

TIPP:
Den Radicchiostrunk unbedingt sorgfältig herausschneiden – er ist sehr bitter.

Das Braten und die Tapenade holen aus dem guten alten Blumenkohl richtig was raus – das macht Lust auf mehr.

GEBRATENER BLUMENKOHL

1 Blumenkohl (etwa 1 kg)
2 Zwiebeln
1 Bio-Zitrone
50 g Parmesan
1 Bund Petersilie
6 EL Olivenöl
Salz, Pfeffer
2–3 EL Tapenade
Zucker

1 Blumenkohl waschen und in sehr kleine Röschen teilen. Den Strunk schälen und klein schneiden. Zwiebeln schälen und fein würfeln. Zitronenschale abreiben, 3 EL Saft auspressen. Parmesan dünn hobeln. Die Petersilienblätter abzupfen und grob hacken.

2 1 EL Olivenöl in einer Pfanne erhitzen, die Zwiebeln darin glasig dünsten, dann herausnehmen. 3 EL Olivenöl in die Pfanne geben. Blumenkohl darin in 3–4 Minuten goldbraun braten. Mit Salz und Pfeffer würzen. Tapenade, Petersilie, Zwiebeln und Zitronenschale hinzufügen und unterheben. Mit Salz, Pfeffer, 1 Prise Zucker und dem Zitronensaft abschmecken.

3 Den Blumenkohl auf Teller verteilen. Mit dem restlichen Olivenöl (2 EL) beträufeln und mit dem Parmesan bestreuen.

4 PERSONEN, 20 MINUTEN

Gebäck muss nicht immer süß sein. Diese pikanten kleinen Brötchen machen jedes Abendessen zum Festmahl.

CHEDDAR-SCONES MIT MEERRETTICHSAHNE

1 Handvoll Petersilienblätter
180 g Cheddar
250 g Mehl
1 Päckchen Backpulver
80 g Butter
100 ml Milch
Salz, Pfeffer
150 g Sahne
1 Bund Schnittlauch
3 TL Tafelmeerrettich (Glas)

TIPP: Den Cheddar kann man auch durch einen anderen kräftigen Hartkäse (alten Gouda oder Greyerzer) ersetzen, der gut schmilzt.

1 Die Petersilienblätter fein hacken. Den Cheddar fein reiben. Mehl in einer Schüssel mit dem Backpulver vermischen. Butter, Milch, Salz und Pfeffer dazugeben und alles schnell zu einem glatten Teig verkneten. Zum Schluss Cheddar und Petersilie einarbeiten. Teig zur Kugel rollen, in Frischhaltefolie packen und mindestens 20 Minuten im Kühlschrank ruhen lassen.

2 Den Backofen auf 200 °C vorheizen. (Umluft nicht empfehlenswert.) Ein Backblech mit Backpapier auslegen. Den Teig auf einer bemehlten Fläche 2–3 cm dick ausrollen. Mit einem runden Ausstecher oder einer Tasse (4 cm Ø) Scones ausstechen. Auf das Backblech legen. Die Scones mit 4 EL Sahne bestreichen und im Ofen auf der zweiten Schiene von unten 15–20 Minuten backen. Herausnehmen und auskühlen lassen.

3 Schnittlauch in feine Röllchen schneiden. Restliche Sahne steif schlagen. Tafelmeerrettich und Schnittlauch unter die Sahne heben. Die Meerrettichsahne zu den Scones servieren.

12 STÜCK, 1 STUNDE

TIPP:
In Stücke geschnitten ist die Tarte leckeres Fingerfood zu Wein und Bier.

Rote Bete sind ein ziemlich unterschätztes Gemüse, das diese Tarte zu etwas Besonderem macht.

ROTE-BETE-TARTE

500 g gegarte, geschälte Rote Bete
2 EL Olivenöl
Salz, Pfeffer
150 g Gorgonzola
5 EL Walnusskerne
275 g Blätterteig (Kühlregal)
6 EL Schmand
1 Bund Schnittlauch

1 Den Backofen auf 200 °C vorheizen. (Umluft nicht empfehlenswert.) Ein Backblech mit Backpapier auslegen. Rote Bete in schmale Spalten schneiden und in einer Schale mit dem Olivenöl vermengen. Mit Salz und Pfeffer würzen. Gorgonzola in Stücke zupfen. Walnusskerne grob hacken.

2 Blätterteig auf das Backpapier legen. Den Teig mehrmals mit der Gabel einstechen. Schmand auf dem Teig verstreichen und mit Rote-Bete-Spalten belegen. Walnusskerne und Gorgonzola darüber verteilen. Im vorgeheizten Ofen auf der mittleren Schiene 20–25 Minuten backen.

3 Inzwischen den Schnittlauch in feine Röllchen schneiden. Tarte aus dem Ofen nehmen und mit Schnittlauch bestreuen.

4 PERSONEN, 35 MINUTEN

Die Kombination von Süßkartoffeln und Linsen liefert hochwertiges Eiweiß – ohne Fleisch!

SÜSSKARTOFFELN VOM BLECH MIT FELDSALAT UND LINSEN-VINAIGRETTE

75 g Beluga-Linsen
100 g Schalotten
4 EL Balsamico-Essig
10 EL Olivenöl
Salz, Pfeffer
800 g Süßkartoffeln
1 TL Zucker
1 TL Currypulver
100 g Kirschtomaten
150 g Feldsalat

1 Linsen waschen, in kochendem Wasser etwa 25 Minuten garen, abgießen und abtropfen lassen. Schalotten schälen und fein würfeln. Balsamico, 4 EL Wasser und 7 EL Olivenöl verrühren. Mit Salz und Pfeffer würzen. Linsen und Schalotten in die Marinade geben und 20 Minuten ziehen lassen.

2 Backofen auf 220 °C vorheizen. Süßkartoffeln längs in Spalten schneiden. Restliches Olivenöl (3 EL), Zucker und Currypulver in einer Schüssel verrühren. Süßkartoffeln dazugeben und alles vermengen. Mit Salz und Pfeffer würzen. Die Kartoffelspalten mit der Haut nach unten auf ein Backblech setzen und im Backofen auf der zweiten Schiene von unten 20–25 Minuten backen.

3 Kirschtomaten vierteln, zu den Linsen geben. Feldsalat putzen und mit der Linsenvinaigrette beträufeln. Mit den gebackenen Süßkartoffeln auf Teller verteilen.

4 PERSONEN, 35 MINUTEN + 25 MINUTEN GARZEIT

TIPP:
Passt zu kurzgebratenem Fisch und Fleisch.

GURKENSALSA

1 Bio-Salatgurke | 1 kleine Fenchelknolle | 4 EL Olivenöl | Saft von 1 Zitrone | 3 Frühlingszwiebeln | 1 rote Chilischote | Salz, Pfeffer, Zucker

1 Von der Gurke längs ringsherum 4–5 Streifen Schale abschälen. Gurke längs halbieren und die Kerne mit einem Teelöffel herausschaben. In feine Würfel schneiden. Fenchel ebenfalls in feine Würfel schneiden. Das Fenchelgrün grob hacken.

2 Gurke und Fenchel in einer Schüssel mit Öl und Zitronensaft vermischen. Frühlingszwiebeln schräg in dünne Ringe schneiden. Chilischote längs halbieren, entkernen und fein hacken. Beides zu Gurke und Fenchel geben, unterheben. Mit Salz, Pfeffer und 1 Prise Zucker würzen.

4 PERSONEN, 20 MINUTEN

GURKEN-SHOOTER

1 Bio-Zitrone | 1 Handvoll Minzeblätter | 5 Radieschen | 2 EL Olivenöl | 300 g Bio-Salatgurke | 100 g Crème fraîche | ½ TL Wasabi-Paste | 50 ml Mineralwasser mit Kohlensäure | Salz, Pfeffer, Zucker

1 1 EL Zitronenschale abreiben, Zitronensaft auspressen. Minzeblätter in Streifen schneiden. Radieschen in Streifen schneiden. Mit 1 EL Zitronensaft, Zitronenschale, Olivenöl und Minzestreifen vermengen.

2 Gurke in grobe Würfel schneiden. Mit Crème fraîche, Wasabi-Paste, dem restlichen Zitronensaft und dem Mineralwasser sehr fein pürieren. Mit Salz, Pfeffer und 1 Prise Zucker würzen. In kleine Gläser füllen, Radieschen daraufgeben.

4 PERSONEN, 25 MINUTEN

ORIENTALISCHER GURKENSALAT

2 rosa Grapefruits | 1 Salatgurke | 1 rote Zwiebel | 1 Handvoll Minzeblätter | 1 rote Chilischote | 1 Dose Kichererbsen (400 g) | 2–3 EL Weißweinessig | 6 EL Olivenöl | Salz, Pfeffer, Zucker

1 Grapefruits schälen, dabei die weiße Haut vollständig entfernen. Filets zwischen den Trennhäuten herausschneiden. Saft auffangen und die Trennhäute ausdrücken.

2 Gurke schälen, die Kerne mit einem Teelöffel herauskratzen und das Fruchtfleisch in Würfel schneiden. Zwiebel schälen und in dünne Ringe schneiden. Minzeblätter in Streifen schneiden. Chilischote halbieren, entkernen und fein hacken. Kichererbsen in ein Sieb schütten, abspülen und abtropfen lassen.

3 Für das Dressing 8 EL Grapefruitsaft mit Essig und Olivenöl verquirlen. Chili unterrühren, mit Salz, Pfeffer und 1 Prise Zucker abschmecken. Grapefruitspalten, Gurkenwürfel, Zwiebelringe und Kichererbsen mit dem Dressing vermengen.

4 PERSONEN, 20 MINUTEN

GURKEN-MELONEN-GEMÜSE

1 Bio-Salatgurke | 400 g Wassermelone | 1 Handvoll Korianderblätter | 150 g griechischer Joghurt (10 % Fett) | 1–2 EL Limettensaft | Salz, Pfeffer | 2 EL Butter | 2 EL Olivenöl | ½–1 TL Currypulver | Zucker

1 Von der Gurke längs ringsherum 4–5 Streifen Schale abschälen. Gurke längs halbieren und die Kerne mit einem Teelöffel herausschaben. In 5 mm dicke Scheiben schneiden. Melone schälen, entkernen und in etwa 2 cm große Würfel schneiden. Koriander grob hacken. Joghurt mit Limettensaft glatt rühren. Mit Salz und Pfeffer würzen.

2 Butter und Öl in einer Pfanne erhitzen. Gurkenscheiben dazugeben und unter Rühren andünsten. Melone hinzufügen und kurz mitbraten. Mit Currypulver bestäuben und mit 150 ml Wasser ablöschen. Mit Salz, Pfeffer und 1 Prise Zucker würzen. Etwa 2 Minuten schmoren.

3 Das Gemüse noch einmal abschmecken und mit dem Koriander bestreuen. Mit dem Joghurt servieren.

4 PERSONEN, 20 MINUTEN

FLEISCH & GEFLÜGEL

Das Hähnchenfleisch bekommt seinen Geschmack durch die Marinade. Man kann es auch über Nacht im Kühlschrank durchziehen lassen – je länger, desto besser.

SCHARFE HÄHNCHENSPIESSE

- 1 EL schwarze Pfefferkörner
- 2 EL Fenchelsamen
- 1 Bund Basilikum
- 2 Bio-Limetten
- 2 Knoblauchzehen
- 2 EL scharfes Paprikapulver
- Zucker, Salz
- 9 EL Olivenöl
- 500 g Hähnchenkeulen mit Haut, ohne Knochen

TIPP: Statt der Keulen kann man auch Hähnchenbrust mit Haut nehmen. Das Muskelfleisch der Keulen schmeckt aber kräftiger. Wer keine Pfefferkörner hat, nimmt normalen Pfeffer, der dann nicht angeröstet wird.

1. Für die Marinade Pfefferkörner und Fenchelsamen in einer Pfanne ohne Fett anrösten. Vom Herd nehmen und abkühlen lassen. Basilikum mit den zarten Stielen grob hacken. Limettenschale abreiben, dann die Früchte in Spalten schneiden. Knoblauch schälen und fein hacken. Basilikum, Limettenschale, Knoblauch, Pfefferkörner, Fenchelsamen, Paprikapulver, 1 EL Zucker, 1 EL Salz und 8 EL Olivenöl im Mixer oder mit dem Stabmixer fein pürieren.

2. Fleisch nach Belieben in Streifen oder Würfel schneiden und in einer Schüssel mit der Marinade vermischen. Abgedeckt im Kühlschrank mindestens 45 Minuten ziehen lassen. 8 Holzspieße 10 Minuten in Wasser einweichen.

3. Das marinierte Fleisch abtropfen lassen und auf die Spieße stecken. Eine Grillpfanne mit dem restlichen Olivenöl (1 EL) ausreiben, erhitzen und die Spieße darin rundum bei mittlerer bis starker Hitze 8–10 Minuten braten. Spieße mit den Limettenspalten auf Teller legen.

4 PERSONEN, 25 MINUTEN + 45 MINUTEN FÜR DAS MARINIEREN

TIPP:
Statt der Hähnchenbrust Hähnchenkeule ohne Knochen nehmen – das ist preiswerter.

Tolles Partyfood, das sich auch für viele Gäste zubereiten lässt. Die Aprikosensalsa schmeckt zu jedem kurz gebratenen oder gegrillten Fleisch.

HÄHNCHENBRUST MIT APRIKOSENSALSA

250 g Aprikosen
1 rote Chilischote
1 rote Zwiebel
2 Zweige Rosmarin
1 Bio-Limette
5 EL Olivenöl
Salz, Pfeffer, Zucker
2 Hähnchenbrüste mit Haut (à etwa 200 g)

1 Für die Salsa Aprikosen halbieren, entsteinen und das Fruchtfleisch in 5 mm große Würfel schneiden. Chilischote längs halbieren, entkernen und fein würfeln. Zwiebel schälen und fein würfeln. Nadeln von 1 Zweig Rosmarin abzupfen und fein hacken. 1 TL Schale von der Limette abreiben, dann Limette halbieren und 2 EL Saft auspressen. Alle vorbereiteten Zutaten mit 4 EL Olivenöl vermengen. Mit Salz, Pfeffer und Zucker abschmecken.

2 Hähnchenbrust trocken tupfen und von allen Seiten mit Salz und Pfeffer würzen. Eine Pfanne mit dem restlichen Olivenöl (1 EL) ausreiben und erhitzen. Hähnchenbrustfilets darin zuerst auf der Hautseite und dann rundherum 8–10 Minuten braten. Restlichen Rosmarinzweig 3 Minuten vor Ende der Garzeit mit in die Pfanne geben. Hähnchenbrüste aus der Pfanne nehmen, kurz ruhen lassen und in Scheiben schneiden. Mit der Aprikosensalsa auf Teller verteilen.

2 PERSONEN, 25 MINUTEN

Es muss nicht immer Schwein sein – das weiß jeder, der diese schnellen Schnitzel probiert hat.

HÄHNCHENSCHNITZEL MIT PANCETTA UND FENCHEL

1 Fenchelknolle
2 Schalotten
2 Hähnchenbrüste ohne Haut (à etwa 180 g)
Salz, Pfeffer
8 Scheiben Pancetta
4 EL Olivenöl
100 g Sahne

TIPP: Wer keinen Fleischklopfer hat, nimmt zum Plattieren eine schwere Pfanne. Der Pancetta kann durch Bacon ersetzt werden, der aber nicht so würzig ist.

1 Fenchel quer in etwa 5 mm dünne Scheiben schneiden. Fenchelgrün hacken und beiseitelegen. Schalotten schälen und in Scheiben schneiden.

2 Hähnchenbrüste mit einem scharfen Messer waagerecht durchschneiden. Die 4 Scheiben Fleisch nacheinander zwischen 2 Lagen Klarsichtfolie zu Schnitzeln plattieren. Die Schnitzel salzen, pfeffern und mit jeweils 2 Scheiben Pancetta belegen. Noch einmal zwischen Klarsichtfolie plattieren, damit der Pancetta am Fleisch haften bleibt.

3 2 EL Öl in einer beschichteten Pfanne erhitzen. Die Schnitzel darin zuerst auf der Pancetta-Seite 2–4 Minuten braten. Die Schnitzel wenden und bei mittlerer Hitze in 5–6 Minuten fertig garen.

4 Restliches Öl (2 EL) in einem weiten, flachen Topf erhitzen. Fenchel darin andünsten. Schalotten zum Fenchel geben und glasig dünsten. Mit der Sahne ablöschen und alles sämig einkochen lassen. Mit Salz und Pfeffer abschmecken. Fenchelgrün untermischen. Den Fenchel auf Teller verteilen und die Schnitzel darauflegen.

2–4 PERSONEN, 20 MINUTEN

MAISPOULARDENBRUST MIT GURKENSANDWICH

4 Maispoulardenbrüste mit Haut (à etwa 150 g)
Salz, Pfeffer
6 EL Olivenöl
1 EL Butter
½ Ciabatta
1 Bio-Salatgurke
1 Bund Dill
150 g Frischkäse
6–8 EL Milch

TIPP: Das Rezept funktioniert auch mit Hähnchenbrust.

1 Backofen auf 170 °C vorheizen. Backblech mit Backpapier auslegen. Poulardenbrüste salzen und pfeffern. 1 EL Öl und Butter in einer Pfanne erhitzen. Brüste zuerst auf der Hautseite 3 Minuten braten, wenden und weitere 2 Minuten braten. Aus der Pfanne nehmen, auf das Backpapier setzen. Im Backofen auf der zweiten Schiene von unten 10 Minuten garen.

2 Ciabatta in 12 dünne Scheiben schneiden. Restliches Öl (5 EL) in der Pfanne erhitzen und die Brotscheiben goldgelb rösten. Das Fleisch aus dem Ofen nehmen und ruhen lassen. Von der Gurke längs 4–5 Streifen Schale abschälen. Gurke längs halbieren. Kerne mit einem Teelöffel herausschaben. Gurke fein würfeln. Dill fein hacken. Frischkäse und Milch mit dem Schneebesen cremig rühren. Dill, Gurkenwürfel, Salz und Pfeffer hinzufügen.

3 Pro Sandwich 1 Brotscheibe mit 1 EL Gurkenfrischkäse bestreichen. Mit 1 Brotscheibe abdecken, mit Frischkäse bestreichen. Mit 1 Brotscheibe abdecken. Auf diese Weise 4 Sandwiches herstellen. Die Poulardenbrüste in Scheiben schneiden. Mit den Sandwiches auf vier Tellern anrichten.

4 PERSONEN, 35 MINUTEN

Praktisch für eine große Runde mit Freunden: Das Rezept kann ganz einfach verdoppelt werden, und das Hähnchen brutzelt im Ofen, während sich der Gastgeber in Ruhe seinen Gästen widmen kann.

FIVE-SPICE-CHICKEN MIT PFLAUMENSAUCE

6 cm Ingwerwurzel
5 EL Sojasauce
2 EL Sherry
1 EL Fünf-Gewürze-Pulver
3 EL Sonnenblumenöl
Salz, Zucker
½ TL Cayennepfeffer
1 Brathähnchen (etwa 1,4 kg)
4 EL Pflaumenmus
Pfeffer

1 Den Backofen auf 200 °C vorheizen. Ingwer schälen. Eine Hälfte fein reiben, den Rest fein hacken. Geriebenen Ingwer mit 2 EL Sojasauce, Sherry, Fünf-Gewürze-Pulver, Öl, ½ TL Salz, 1 TL Zucker und dem Cayennepfeffer in einer Schale verrühren.

2 Das Hähnchen innen und außen mit der Marinade einreiben und auf ein Backblech setzen. Im Backofen auf der zweiten Schiene von unten in 50–60 Minuten hellbraun braten. Dann die Ofentemperatur auf 220 °C erhöhen und weitere 15 Minuten braten. Dann das Hähnchen herausnehmen und ruhen lassen.

3 Pflaumenmus und restliche Sojasauce (3 EL) verrühren. Gehackten Ingwer untermischen und die Sauce mit Pfeffer würzen. Das Hähnchen in Stücke teilen, auf eine Platte legen und mit der Pflaumensauce servieren.

2–4 PERSONEN, 15 MINUTEN + 80 MINUTEN GAR- UND RUHEZEIT

TIPP:
Wer keine Küchenmaschine hat, kann die Hähnchenbrust zuerst in kleine Würfel schneiden und dann fein hacken.

Einfach lecker. Am besten gleich die doppelte Menge Wan-Tan machen und einfrieren.

WAN-TAN MIT HÄHNCHENFÜLLUNG

24 tiefgekühlte Wan-Tan-Blätter
350 g Hähnchenbrust ohne Haut
3 Frühlingszwiebeln
4 EL Sahne
Salz, Pfeffer

Für die Kokossauce:
2 Schalotten
1 rote Chilischote
1 EL Sonnenblumenöl
1 EL mildes Currypulver
300 ml Kokosmilch
1 EL Sojasauce
Zucker
1–2 EL Limettensaft
1½ l Öl zum Frittieren

1 Wan-Tan-Blätter auftauen lassen. Ein Backblech mit Backpapier auslegen. Für die Füllung die Hähnchenbrust grob würfeln. Frühlingszwiebeln in Ringe schneiden. Beides mit der Sahne in den Mixer geben. Salzen, pfeffern und fein pürieren.

2 Für die Kokossauce die Schalotten schälen und sehr klein würfeln. Chilischote längs halbieren, entkernen und fein hacken. Öl in einem kleinen Topf erhitzen. Schalotten und Chili darin glasig dünsten. Mit Currypulver bestäuben und mit Kokosmilch ablöschen. Die Sauce einkochen lassen, bis sie cremig ist. Mit Sojasauce, Salz, Pfeffer, 1 Prise Zucker und Limettensaft abschmecken.

3 Wan-Tan-Blätter auf der Arbeitsplatte ausbreiten. Die Ränder mit Wasser einpinseln, 1 TL Füllung in die Mitte geben, die vier Ecken zur Mitte hochklappen und oben fest zusammendrücken. Die fertigen Wan-Tan sehen wie kleine Säckchen aus. Wan-Tan nebeneinander auf das Backpapier legen und mit einem feuchten Tuch abdecken.

4 Öl in einem Topf erhitzen und die Teigtaschen darin portionsweise knusprig ausbacken. Auf Küchenpapier abtropfen lassen, dann mit der Sauce servieren.

4 PERSONEN, 50 MINUTEN

Superschnelles Gericht für eine Pfanne. Während das Rindfleisch mariniert wird, kann man den Rest des Essens zubereiten, wenn Gäste erwartet werden.

RUMPSTEAKSTREIFEN MIT PIMENTOS

3 cm Ingwerwurzel
2 EL Honig
5 EL Sherry
5 EL Sojasauce
Pfeffer
4 Rumpsteaks (à etwa 200 g)
4 EL Sonnenblumenöl
Salz
400 g Pimentos de Padrón
200 g Kirschtomaten

TIPP: Die kleinen Pimentos de Padrón kommen ursprünglich aus Spanien, sind mittlerweile aber in vielen Supermärkten zu kaufen.

1 Für die Marinade Ingwer schälen und fein reiben. Mit Honig, Sherry und Sojasauce verrühren und mit Pfeffer würzen. Fleisch und Marinade in einen Gefrierbeutel geben, fest verschließen und 30 Minuten ziehen lassen.

2 Die Steaks aus der Marinade nehmen und abtropfen lassen. Marinade aufbewahren. 2 EL Öl in einer Pfanne erhitzen. Die Steaks darin von jeder Seite 3–4 Minuten scharf anbraten. Aus der Pfanne nehmen, mit Salz und Pfeffer würzen, in Alufolie wickeln und 5 Minuten ruhen lassen. Restliches Öl (2 EL) in die Pfanne geben und die Pimentos darin unter gelegentlichem Wenden 3 Minuten braten. Die Tomaten dazugeben und kurz mitbraten. Mit der Marinade ablöschen und die Flüssigkeit etwas einkochen lassen. Die Steaks in Streifen schneiden und mit dem Gemüse auf Teller verteilen.

4 PERSONEN, 20 MINUTEN + 30 MINUTEN MARINIEREN

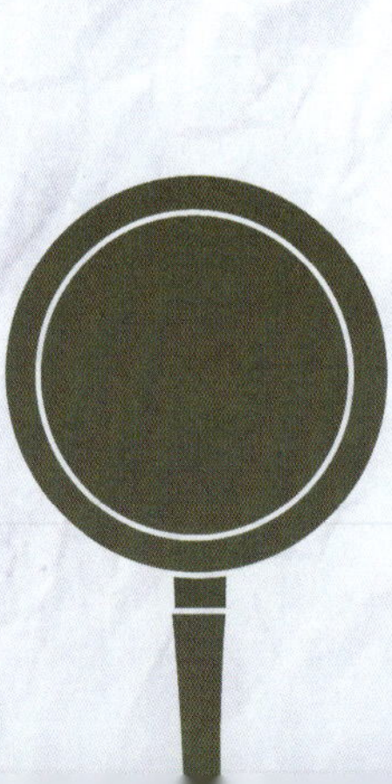

TIPP:
Wer hat, nimmt wie die Asiaten statt des Zuckers braunen Rohrzucker.

Noch ein tolles Rezept für die kleine Küche – man braucht nur einen Topf und ist ruck, zuck fertig mit dem Zubereiten.

SCHARFES KOKOSGULASCH

200 g Schalotten
3 EL Sonnenblumenöl
800 g Rindergulasch
1–2 EL rote Currypaste
300 ml Kokosmilch
Zucker, Salz, Pfeffer
4 EL geröstete Erdnusskerne
1 Bio-Limette

1 Schalotten schälen und fein würfeln. 2 EL Öl in einem Topf erhitzen und die Schalotten darin glasig dünsten. Aus dem Topf nehmen.

2 Restliches Öl (1 EL) in den Topf geben und erhitzen. Das Fleisch darin portionsweise von allen Seiten scharf anbraten. Nach dem Anbraten das ganze Fleisch, die Schalotten und die Currypaste in den Topf geben. Mit 100 ml Wasser ablöschen und mit Kokosmilch auffüllen. Mit 1 TL Zucker, Salz und Pfeffer würzen. Zugedeckt 1½–2 Stunden sanft köcheln lassen.

3 Erdnusskerne grob hacken. Limettenschale abreiben und den Saft ausdrücken. Das Gulasch nach Ende der Garzeit mit Limettensaft abschmecken. Mit Erdnusskernen und Limettenschale bestreuen.

4 PERSONEN, 10 MINUTEN + 1½ –2 STUNDEN GARZEIT

Ein feines Fleischgericht für besondere Anlässe, ist aber trotzdem ganz fix fertig.

PFEFFERSTEAKS MIT RUCOLAPESTO

1 Knoblauchzehe
100 g Rucola
50 g Parmesan
1½ EL Pfefferkörner
Salz
4 Rinderfiletsteaks (à etwa 180 g)
9 EL Olivenöl
2 EL Butter
60 g Pinienkerne
2–3 EL Zitronensaft
Zucker

1 Knoblauch schälen und in dünne Scheiben schneiden. Rucola klein schneiden. Parmesan fein reiben. Pfefferkörner mit 1 TL Salz im Mörser zerstoßen (oder mit der Mühle ganz grob mahlen und mit dem Salz vermischen). Steaks mit der Hand flach drücken. Pfeffermischung auf einen flachen Teller geben. Die Steaks jeweils mit einer Seite in die Pfeffermischung drücken.

2 2 EL Öl in einer beschichteten Pfanne erhitzen und die Steaks darin zuerst auf der Pfefferseite 2–3 Minuten anbraten. Anschließend wenden, die Butter hinzufügen und die Steaks bei mittlerer Hitze in 4–5 Minuten zu Ende garen. Die Pfanne vom Herd nehmen und die Steaks darin 2–3 Minuten ruhen lassen.

3 Für das Pesto die Pinienkerne in einer Pfanne ohne Fett goldgelb rösten. 1 EL Öl, Rucola und Knoblauch dazugeben und kurz mitbraten. Die Mischung auf ein Küchenbrett schütten und mit dem Messer hacken. In einer Schüssel mit dem Parmesan und dem restlichen Olivenöl (6 EL) vermischen. Mit Salz, Zitronensaft und 1 Prise Zucker abschmecken. Die Steaks mit dem Pesto auf Teller verteilen und mit dem Bratfett aus der Pfanne beträufeln.

2–4 PERSONEN, 20 MINUTEN

TIPP: Pinienkerne und Rucola mit einem schweren Messer hacken.

Was soll ich sagen? Einfach nur lecker. Dafür lohnt sich das bisschen mehr Arbeit auf jeden Fall.

RINDFLEISCHSPIESSE MIT BROKKOLI

400 g Rinderhüfte
1 rote Chilischote
1 TL Fünf-Gewürze-Pulver
Zucker
6 EL Sojasauce
1 kleiner Brokkoli (etwa 400 g)
2 Knoblauchzehen
Salz, Pfeffer
5 EL Sonnenblumenöl
4 EL Austernsauce

1 Vier Holzspieße in lauwarmem Wasser einweichen. Rindfleisch zuerst in 2 cm dicke Scheiben, dann in 5 mm dünne Streifen schneiden. Chilischote längs halbieren, entkernen und fein hacken. Fleisch mit Fünf-Gewürze-Pulver, Chili, ½ TL Zucker und 4 EL Sojasauce in einer Schüssel vermischen. 10 Minuten marinieren.

2 Brokkoli putzen und in sehr kleine Röschen teilen. Den Strunk schälen und in kleine Würfel schneiden. Knoblauch schälen und in dünne Scheiben schneiden. Fleischstreifen auf die Holzspieße stecken. Mit Salz und Pfeffer würzen. 3 EL Öl in einer großen Pfanne erhitzen und die Fleischspieße darin rundherum braun braten. Bei mittlerer Hitze 8–10 Minuten weiterbraten.

3 Währenddessen das restliche Öl (2 EL) in einer weiteren Pfanne erhitzen. Knoblauch darin anbraten. Brokkoli hinzufügen und unter Rühren scharf anbraten. Austernsauce und 1 Prise Zucker dazugeben. Mit 2 EL Sojasauce und 75 ml Wasser ablöschen. Den Brokkoli bei milder Hitze in 2–3 Minuten bissfest garen. Mit Salz, Pfeffer und Zucker abschmecken. Brokkoli auf Teller verteilen und die Spieße darauflegen.

4 PERSONEN, 30 MINUTEN + 10 MINUTEN MARINIERZEIT

TIPP:
Beim Fleisch sollte man keine Kompromisse machen und zu einem guten Metzger gehen.

Ein richtiges Männeressen! Während das Fleisch im Ofen brutzelt, kann man sich schon mal ein Bier gönnen.

HOCHRIPPE MIT BLACK-PEPPER-SAUCE

- 1 Scheibe Rinderhochrippe mit Knochen (etwa 1,8–2 kg)
- Salz, Pfeffer
- 4 EL Sonnenblumenöl
- 3 Zwiebeln
- 4 Knoblauchzehen
- 1½ EL schwarze Pfefferkörner
- 2 EL Zucker
- 5 EL Austernsauce
- 2 TL Rotweinessig
- 4 EL Sojasauce
- 300 ml Geflügelbrühe
- 1 EL Butter

1. Backofen auf 140 °C vorheizen. Hochrippe salzen und pfeffern. 2 EL Öl in einer Pfanne erhitzen und das Fleisch rundherum scharf anbraten. Aus der Pfanne nehmen. Das Fleisch auf der Knochenseite auf ein Backblech legen. Auf der untersten Schiene 1 Stunde im Ofen garen.

2. Inzwischen Zwiebeln und Knoblauch schälen und fein würfeln. Pfefferkörner im Mörser grob zerstoßen. Restliches Öl (2 EL) in einem Topf erhitzen. Zwiebeln und Knoblauch darin goldgelb braten. Pfeffer, Zucker und Austernsauce dazugeben. Mit Essig und Sojasauce ablöschen und mit Geflügelbrühe auffüllen. Bei mittlerer Hitze 15 Minuten einkochen lassen. Anschließend mit dem Stabmixer fein pürieren. Noch einmal aufkochen und die Butter einrühren. Warm halten.

3. Hochrippe aus dem Backofen nehmen und mit Alufolie abgedeckt 10 Minuten ruhen lassen. Das Fleisch in dünnen Scheiben vom Knochen schneiden und mit der Sauce servieren.

2–4 PERSONEN,
20 MINUTEN + 70 MINUTEN GAR- UND RUHEZEIT

Involtini nennt der Italiener die mit Schinken, Brät und Salbei gefüllten Kalbfleischrouladen.

KALBSRÖLLCHEN MIT SPITZKOHL

500 g Spitzkohl

2 Zwiebeln

2 Salsicce

4 dünne Kalbsschnitzel (à etwa 120 g)

Salz, Pfeffer

4 Scheiben Parmaschinken

1 Handvoll Salbeiblätter

3 EL Olivenöl

80 g Butter

TIPP: Statt der Salsicce kann man auch eine grobe und kräftig gewürzte Bratwurst vom heimischen Metzger nehmen.

1 Spitzkohl vierteln und den Strunk herausschneiden. In 5 mm dünne Streifen schneiden. Zwiebeln schälen und fein würfeln. Salsicce längs aufschneiden und das Brät herauslösen.

2 Schnitzel zwischen zwei Lagen Klarsichtfolie dünn plattieren. Das Fleisch salzen und pfeffern. Jedes Schnitzel mit 1 Scheibe Schinken belegen. Das Brät und Salbeiblätter auf dem Schinken verteilen. Die Schnitzel aufrollen und mit Zahnstochern fixieren. Öl in einer Pfanne erhitzen. Die Kalbsröllchen 10–12 Minuten bei mittlerer Hitze von allen Seiten anbraten.

3 Inzwischen die Butter in einem weiten Topf zerlassen. Zwiebeln darin glasig dünsten. Spitzkohl dazugeben und zusammenfallen lassen. Mit Salz und Pfeffer würzen. Auf Teller verteilen. Die Röllchen quer halbieren und zum Spitzkohl legen.

4 PERSONEN, 30 MINUTEN

TIPP:
Leicht angefrorenes Rinderfilet lässt sich besser schneiden. Wer hat, nimmt die Brotschneidemaschine.

CARPACCIO MIT GRATINIERTEM SPARGEL

- **600 g weißer Spargel**
- Salz
- 10 EL Olivenöl
- 2 EL Butter
- Pfeffer
- **40 g Parmesan**
- **400 g Rinderfilet vom Mittelstück**
- 4 EL Balsamico-Essig
- **3 EL Semmelbrösel**
- **3 EL Pinienkerne**
- **1 Handvoll Basilikumblätter**

1 Spargel schälen und die holzigen Enden abschneiden. In kochendem Salzwasser 2 Minuten garen, in kaltem Wasser abschrecken und abtropfen lassen. Ein Backblech mit 3 EL Olivenöl ausstreichen. Spargel längs halbieren und mit den Schnittflächen nach unten auf dem Backblech verteilen. Mit Butterflöckchen belegen und mit Salz und Pfeffer würzen.

2 Backofengrill vorheizen. Parmesan fein reiben. 1 EL Olivenöl in einem Gefrierbeutel verteilen. Rinderfilet in 16 sehr dünne Scheiben schneiden. Nacheinander in den Gefrierbeutel legen und hauchdünn plattieren. Herausnehmen und leicht überlappend auf vier Teller legen. Restliches Olivenöl (6 EL) mit dem Balsamico-Essig verrühren.

3 Parmesan auf dem Spargel verteilen. Mit Semmelbröseln bestreuen. Unter dem vorgeheizten Backofengrill in 4–5 Minuten hellbraun und knusprig gratinieren. Aus dem Ofen nehmen. Carpaccio mit Pfeffer und Salz würzen. Balsamico-Öl-Mischung, gratinierten Spargel und Pinienkerne darauf verteilen. Mit Basilikumblättern bestreuen.

4 PERSONEN, 40 MINUTEN

Dieses Pfannengericht ist nicht nur lecker, sondern auch leicht – und es macht vier Mädels locker satt!

SCHWEINEFLEISCH MIT GRÜNEN BOHNEN

400 g Schweinefilet
Zucker
3 EL Sojasauce
Pfeffer
400 g grüne Bohnen
200 g Zwiebeln
2 Knoblauchzehen
4 EL geröstete Erdnusskerne
4 EL Sonnenblumenöl
Salz
1 Handvoll Thai-Basilikumblätter (ersatzweise Basilikumblätter)

1 Schweinefilet in dünne Scheiben schneiden. ½ TL Zucker und 2 EL Sojasauce in einer Schüssel verrühren. Fleisch dazugeben, alles gut vermengen, mit Pfeffer würzen und 10 Minuten marinieren lassen. Herausnehmen und abtropfen lassen.

2 Von den Bohnen den Stielansatz entfernen und längs halbieren. Zwiebeln schälen, halbieren und in Streifen schneiden. Knoblauch schälen und fein hacken. Erdnusskerne grob hacken.

3 2 EL Öl in einer Pfanne erhitzen. Fleisch darin unter Rühren 2 Minuten von allen Seiten scharf anbraten. Aus der Pfanne nehmen.

4 Restliches Öl (2 EL) in die Pfanne geben und erhitzen. Knoblauch und Zwiebeln glasig dünsten. Mit Salz und 1 Prise Zucker würzen. Bohnen dazugeben und 2 Minuten unter Rühren braten. Mit der restlichen Sojasauce (1 EL) ablöschen, mit 100 ml Wasser auffüllen. Den Deckel auflegen und Bohnen 4–5 Minuten garen.

5 Fleisch mit dem Fleischsaft zu den Bohnen geben und kurz erwärmen. Basilikumblätter untermischen und Pfanne vom Herd nehmen. Mit Salz und Pfeffer abschmecken. Auf Teller verteilen und mit den gehackten Erdnusskernen bestreuen.

4 PERSONEN, 30 MINUTEN

Das ist kein Alltagsgericht, sondern ein Festschmaus für besondere Gelegenheiten, für den man aber nicht ewig in der Küche steht.

LAMMKARREE MIT THYMIANKRUSTE

600 g kleine, festkochende Kartoffeln
7 EL Olivenöl
Salz, Pfeffer, Zucker
3 Knoblauchzehen
400 g Zucchini
2 küchenfertige Lammkarrees (à etwa 400 g)
8 Zweige Thymian
50 g Brioche oder Toastbrot
50 g weiche Butter

1 Backofen auf 200 °C vorheizen. Kartoffeln längs halbieren. Auf einem Backblech mit 3 EL Olivenöl, Salz, Pfeffer und 1 Prise Zucker vermengen. Auf der zweiten Schiene von unten 15 Minuten garen. Knoblauchzehen in der Schale zerdrücken. Zucchini längs halbieren, in 1 cm dicke Scheiben schneiden. Knoblauchzehen und Zucchini zu den Kartoffeln auf das Backblech geben. Mit 2 EL Olivenöl beträufeln, salzen und pfeffern. Weitere 10 Minuten garen.

2 Lammkarree mit Pfeffer und Salz würzen. Restliches Olivenöl (2 EL) in einer Pfanne erhitzen, 2 Zweige Thymian dazugeben. Fleisch ringsum anbraten. Mit den Thymianzweigen auf das Gemüse setzen. Weitere 12 Minuten im Backofen garen. Fleisch aus dem Ofen nehmen und 5 Minuten ruhen lassen.

3 Brioche oder Toastbrot würfeln, restliche Thymianblättchen abzupfen. Beides fein hacken. Butter untermischen, salzen und pfeffern. Bröselmasse auf dem Fleisch verteilen, fest andrücken. Karrees auf ein Blech setzen. Gemüse aus dem Ofen nehmen. Backofengrill anschalten. Karrees auf der zweiten Schiene von oben 2–3 Minuten gratinieren. Fleisch mit Gemüse anrichten.

TIPP: Gäste im Anmarsch? Menüvorschläge gibt's auf Seite 188.

4 PERSONEN, 25 MINUTEN + 40 MINUTEN GARZEIT

Die Schärfe des Chili und die Süße vom Ahornsirup geben einen tollen Kontrast. Da kommt keine Langeweile auf!

SCHWEINEFILET MIT CHILI-LAUCH

750 g Lauch
40 g Butter
200 ml Geflügelbrühe
Salz, Pfeffer
½–1 TL Chiliflocken
2 EL Ahornsirup
1 Handvoll Thymianblättchen
2 TL schwarze Pfefferkörner
Zucker
600 g Schweinefilet
2 EL Sonnenblumenöl

1. Backofen auf 180 °C vorheizen. Lauch in 8 cm lange Stücke schneiden. Butter in einer beschichteten Pfanne erhitzen. Lauch nebeneinander in die Pfanne legen und 5 Minuten bei geringer Hitze anbraten. Mit Geflügelbrühe übergießen. Dann in eine Auflaufform schütten. Mit Salz, Pfeffer und Chiliflocken würzen. Mit Ahornsirup beträufeln.

2. Thymianblättchen grob hacken. Pfefferkörner in einer Pfanne bei mittlerer Hitze anrösten, bis er zu duften beginnt, dann im Mörser fein zerstoßen. Mit Thymian und Zucker vermischen. Schweinefilet an beiden Enden etwa 2 cm tief einschneiden, die Filetspitzen umschlagen und festdrücken. Das Filet mit der Pfeffermischung und etwas Salz würzen.

3. Öl in der Pfanne erhitzen. Schweinefilet rundherum hellbraun anbraten. Auf den Lauch setzen und im Backofen auf der mittleren Schiene 20–25 Minuten garen. Das Fleisch herausnehmen und kurz ruhen lassen. Anschließend in Scheiben schneiden. Den Lauch auf Teller verteilen und die Filetscheiben darauflegen.

4 PERSONEN, 20 MINUTEN + 30 MINUTEN GAR- UND RUHEZEIT

TIPP:
Die Erbsen können direkt aus dem Tiefkühler in die Pfanne.

Der Speckmantel sorgt dafür, dass das Schweinefilet im Ofen saftig bleibt. Außerdem wird er schön knusprig und gibt dem Fleisch einen kräftigen Geschmack.

SCHWEINEFILET IM SPECKMANTEL

6 Zweige Thymian
2 Schweinefilets (à etwa 350 g)
Salz, Pfeffer
250 g Bacon, in dünnen Scheiben
4 EL Olivenöl
2 Römersalatherzen
2 Knoblauchzehen
400 g tiefgekühlte Erbsen
2 EL Butter

1 Den Backofen auf 200 °C vorheizen. Thymianblättchen von 2 Zweigen abzupfen und fein hacken. Schweinefilets salzen, pfeffern und mit dem gehackten Thymian bestreuen. Die Hälfte der Baconscheiben dachziegelartig nebeneinanderlegen, ein Filet darin einrollen. Mit dem restlichen Bacon und dem zweiten Filet genauso verfahren.

2 2 EL Olivenöl in einer großen Pfanne erhitzen, die Filets darin bei mittlerer Hitze rundherum kräftig anbraten. Das Fleisch aus der Pfanne nehmen. (Achtung: Die Pfanne samt Bratfett wird noch gebraucht!) Die Filets auf ein Backblech legen. Im Backofen auf der mittleren Schiene 12–15 Minuten braten. Nach Ende der Garzeit aus dem Ofen nehmen, 2–3 Minuten ruhen lassen. Dann in Scheiben schneiden.

3 Römersalat in feine Streifen schneiden. Knoblauch schälen, in dünne Scheiben schneiden. Restliche Thymianblättchen abzupfen. Olivenöl zum Bratfett in die Pfanne geben, erhitzen und den Knoblauch darin andünsten. Erbsen und restlichen Thymian kurz mitdünsten. Butter hinzufügen und zerlassen. Römersalat unterheben und zusammenfallen lassen. Mit Salz und Pfeffer würzen. Gemüse auf Teller verteilen und die Filetscheiben dazulegen.

4 PERSONEN, 30 MINUTEN

TATARBÄLLCHEN MIT SESAM-INGWER-DIP

50 g helle Sesamsamen | 3 cm Ingwerwurzel | 150 g Crème fraîche | Salz, Pfeffer, Zucker | 3 Frühlingszwiebeln | 6 EL Sonnenblumenöl | 450 g Tatar | 2–3 EL süße Chilisauce | 2 EL Sojasauce

1 Die Hälfte der Sesamsamen in einer Pfanne ohne Fett anrösten. Ingwer schälen und fein reiben. Crème fraîche mit dem Schneebesen cremig rühren. Ingwer und geröstete Sesamsamen untermischen. Mit Salz, Pfeffer und 1 Prise Zucker abschmecken. Die weißen und hellgrünen Teile der Frühlingszwiebeln fein hacken. Die dunkelgrünen Teile schräg in dünne Ringe schneiden.

2 In einer Pfanne 2 EL Öl erhitzen. Die gehackten Frühlingszwiebeln darin glasig dünsten. Vom Herd nehmen, abkühlen lassen. Tatar, süße Chilisauce und Frühlingszwiebeln in einer Schüssel verkneten. Mit Sojasauce, Salz und Pfeffer abschmecken. Aus der Hackmasse mit angefeuchteten Händen 20 Bällchen formen.

3 Restliche Sesamsamen auf einen flachen Teller geben. Die Bällchen mit einer Seite in die Sesamsaat drücken und dabei leicht flach drücken. Restliches Öl (4 EL) in einer beschichteten Pfanne erhitzen. Die Bällchen darin portionsweise bei starker Hitze nur auf der Sesamseite etwa 1 Minute scharf anbraten und aus der Pfanne nehmen. Hackbällchen mit Frühlingszwiebeln bestreuen. Den Sesam-Ingwer-Dip getrennt dazu reichen.

4 PERSONEN, 45 MINUTEN

PENNE MIT HACKFLEISCHSAUCE

10 g getrocknete Steinpilze | 150 g Zwiebeln | 2 EL Olivenöl | 600 g gemischtes Hackfleisch | 300 g Sahne | Salz, Pfeffer | 500 g Penne | ½ Bund Petersilie

1 Pilze in 300 ml warmem Wasser einweichen. Zwiebeln schälen und fein würfeln. Olivenöl in einer großen Pfanne erhitzen. Hack darin portionsweise knusprig braun anbraten. Die Zwiebeln dazugeben und ebenfalls anbraten.

2 Pilze abtropfen lassen und ausdrücken. Das Einweichwasser durch ein Sieb abgießen und auffangen. Pilze grob hacken und mit dem Ein-weichwasser zum Hackfleisch geben. Sahne hinzufügen, mit Salz und Pfeffer würzen. Alles 6–8 Minuten bei mittlerer Hitze kochen lassen.

3 Nudeln in reichlich kochendem Salzwasser nach Packungsanweisung bissfest garen. Abgießen und abtropfen lassen. Dabei 100 ml Kochwasser auffangen. Petersilienblätter abzupfen und fein hacken. Nudelwasser, Sauce und Nudeln in einer Schüssel vermengen. Mit der Petersilie bestreuen.

4 PERSONEN, 35 MINUTEN

HACKFLEISCHPIZZA

4 Platten tiefgekühlten Blätterteig (à 90 g) | 4 EL Pistazienkerne | ½ Bund Koriandergrün | 5 EL Tomatenmark | Salz, Pfeffer | 4 EL Olivenöl | 400 g gemischtes Hackfleisch | 1–2 EL Ras el Hanout | Zucker

1 Blätterteigplatten nebeneinander auf einem mit Backpapier ausgelegten Blech auftauen lassen. Den Backofen auf 200 °C vorheizen. (Umluft nicht empfehlenswert.) Pistazienkerne grob hacken. Koriander mit den zarten Stielen ebenfalls hacken. Tomatenmark mit 6 EL Wasser verrühren. Die Hälfte vom Koriander untermischen. Mit Salz und Pfeffer würzen.

2 2 EL Olivenöl in einer Pfanne erhitzen. Das Hackfleisch darin krümelig braten. Mit Ras el Hanout, Salz, Pfeffer und 1 Prise Zucker würzen. Noch 1 Minute weiterbraten. Vom Herd nehmen und abkühlen lassen.

3 Blätterteigplatten in Backblechgröße ausrollen und mehrmals mit einer Gabel einstechen. Mit der Tomatenpaste bestreichen, dabei rundherum einen 1 cm breiten Rand frei lassen. Das Hackfleisch auf der Tomatenpaste verteilen. Mit Pistazienkernen bestreuen und mit dem restlichen Olivenöl (2 EL) beträufeln. Im Backofen auf der untersten Schiene 20 Minuten backen. Herausnehmen und mit dem restlichen Koriander bestreuen.

4 PERSONEN, 40 MINUTEN

FISCH & MEERESFRÜCHTE

Achtet bei Garnelen auf Seawater-Qualität. Dann kommen die Dinger aus dem Meer und nicht aus der Zucht.

CHILI-GARNELEN

100 g Cashewkerne
3 cm Ingwerwurzel
6 Frühlingszwiebeln
6 EL trockener Sherry
2 EL Sojasauce
1 EL Rotweinessig
2 TL Zucker
650 g Garnelen ohne Kopf, mit Schale
4 EL Sonnenblumenöl
1 EL getrocknete Chilischoten
½ TL Speisestärke
Salz, Pfeffer

1 Cashewkerne in einer Pfanne ohne Fett anrösten. Ingwer schälen und fein hacken. Frühlingszwiebeln in dünne Scheiben schneiden. Für die Sauce Sherry mit Sojasauce, Rotweinessig, 75 ml Wasser und dem Zucker verrühren.

2 Garnelen längs halbieren, dabei den schwarzen Darmfaden im Rücken entfernen, abspülen und trocken tupfen. 2 EL Öl in einer großen Pfanne oder im Wok erhitzen. Die Garnelen darin portionsweise 30 Sekunden von allen Seiten scharf anbraten. Herausnehmen und beiseitestellen.

3 Restliches Öl (2 EL) in die Pfanne geben. Chilischoten darin unter Rühren 1 Minute anbraten. Frühlingszwiebeln und Ingwer dazugeben und kurz mitbraten. Cashewkerne und die Saucenmischung hinzufügen. Alles kurz aufkochen lassen.

4 Die Garnelen wieder in die Pfanne geben und unter Rühren in der Sauce erwärmen. Die Speisestärke mit etwas kaltem Wasser anrühren, in die Pfanne geben. Alles kurz aufkochen und durchrühren, dann sofort vom Herd nehmen. Mit Salz und Pfeffer abschmecken.

4 PERSONEN, 30 MINUTEN

TIPP:
Statt weißem Zucker braunen Rohrzucker verwenden. Der gibt ein schönes Karamellaroma.

TIPP:
Tiefgekühlte Garnelen immer in kaltem Wasser auftauen lassen.

Wermut passt super zu Fisch und anderem Meeresgetier. Eine gute Gelegenheit, die Bestände aus der Hausbar aufzubrauchen.

GARNELEN MIT WASABI-SCHAUM

3 Schalotten
2 EL Butter
100 ml Wermut
300 ml Fischbrühe
125 g Crème double
20 Garnelen ohne Schale und Kopf (etwa 700 g)
2 EL Sonnenblumenöl
Salz, Pfeffer
1–2 TL Wasabi-Paste
Zucker

1 Schalotten schälen und fein hacken. 1 EL Butter in einer Pfanne erhitzen, Schalotten darin bei milder Hitze glasig dünsten. Wermut dazugießen und bei starker Hitze einkochen lassen. Fischbrühe hinzufügen und Flüssigkeit auf die Hälfte einkochen lassen. Crème double einrühren und noch einmal aufkochen. Sauce durch ein feines Sieb in einen Topf gießen und warm halten.

2 Garnelen abspülen und trocken tupfen, dann den Rücken aufschlitzen und den schwarzen Darmfaden entfernen. Öl in einer Pfanne erhitzen. Garnelen hineingeben, mit Salz und Pfeffer würzen. 4–5 Minuten von allen Seiten anbraten. Kurz vor Schluss die restliche Butter (1 EL) dazugeben.

3 Wasabi-Paste in die Sauce rühren. Mit Salz, Pfeffer und 1 Prise Zucker abschmecken. Mit dem Stabmixer schaumig aufschlagen. Die Garnelen mit dem Wasabi-Schaum in tiefen Tellern anrichten. Mit dem Bratfett beträufeln und noch einmal pfeffern.

4 PERSONEN, 30 MINUTEN

TIPP: Wer keine Panko-Brösel bekommt oder kaufen will, kann alte Brötchen reiben oder Semmelbrösel nehmen.

ÜBERBACKENE GARNELEN MIT ANISSAUCE

- 1 Knoblauchzehe
- 1 kleine Fenchelknolle
- 1 Handvoll Petersilienblätter
- 120 g weiche Butter
- 5 EL Panko-Brösel
- Salz, Pfeffer
- 28 Garnelen ohne Schale und Kopf (etwa 900 g)
- 4 EL Anisschnaps

1 Backofengrill vorheizen. Knoblauch schälen und fein würfeln. Fenchel ebenfalls fein würfeln. Das Fenchelgrün fein hacken und beiseitelegen. Die Petersilienblätter fein hacken. Knoblauch, Petersilie, Butter und Panko-Brösel gut vermischen. Mit Salz und Pfeffer würzen.

2 Garnelen am Rücken aufschlitzen und den schwarzen Darmfaden entfernen. Fenchel in eine Auflaufform legen. Mit 4 EL Anisschnaps beträufeln und mit Salz und Pfeffer würzen. Garnelen auf den Fenchel legen und die Buttermischung darauf verteilen. Unter dem Backofengrill auf der mittleren Schiene in 8–10 Minuten goldbraun überbacken. Garnelen aus dem Ofen nehmen, mit dem Fenchelgrün bestreuen und servieren.

4 PERSONEN, 25 MINUTEN

Pasta mit Meeresfrüchten ist ein absoluter Klassiker. Die dünnen Linguine schmecken besonders fein dazu.

LINGUINE MIT BROKKOLI UND GARNELEN

1 Brokkoli (etwa 500 g)
2 Knoblauchzehen
1 Bio-Zitrone
100 g Parmesan
16 Garnelen ohne Schale und Kopf (etwa 500 g)
400 g Linguine
Salz
5 EL Olivenöl
Pfeffer

1 Brokkoli in sehr kleine Röschen teilen. Den Strunk schälen und fein würfeln. Knoblauch schälen und in dünne Scheiben schneiden. Zitronenschale abreiben, 2 EL Saft auspressen. Parmesan fein reiben. Garnelen waschen, trocken tupfen und der Länge nach halbieren. Dabei den schwarzen Darmfaden entfernen.

2 Linguine in reichlich kochendem Salzwasser nach Packungsanweisung garen. Inzwischen 2 EL Olivenöl in einer Pfanne erhitzen. Garnelen darin 2–3 Minuten scharf anbraten. Aus der Pfanne nehmen. Restliches Öl (3 EL) in die Pfanne geben. Brokkoli und Knoblauch darin bei mittlerer Hitze 5 Minuten garen. Garnelen zurück in die Pfanne geben und kurz erwärmen. Kräftig mit Salz und Pfeffer würzen.

3 Linguine abgießen, dabei 150 ml Nudelwasser auffangen. Nudeln, Nudelwasser und Brokkoli in einer Schüssel vermengen. Zitronensaft, Zitronenschale und die Hälfte vom Parmesan untermischen. Die Linguine auf Tellern verteilen und mit dem restlichen Parmesan bestreuen.

4 PERSONEN, 25 MINUTEN

Leicht und lecker: ein tolles Sommergericht für beste Freundinnen. Mir schmeckt das aber auch!

DORADE AUF FENCHELSALAT

- 450 g Fenchelknolle
- Salz
- 150 g Tomaten
- 2–3 EL Zitronensaft
- 10 EL Olivenöl
- Pfeffer, Zucker
- 1 Bund Dill
- 4 Doradenfilets mit Haut, ohne Gräten (à 150 g)

1 Fenchel längs halbieren und in sehr dünne Scheiben hobeln. Fenchelgrün hacken und beiseitelegen. Fenchel leicht salzen und kurz ziehen lassen. Anschließend gut ausdrücken.

2 Tomaten in kleine Würfel schneiden. Zitronensaft und 8 EL Olivenöl mit Salz, Pfeffer und 1 Prise Zucker verquirlen. Fenchel und Tomaten untermischen. Dill grob hacken und ebenfalls zum Salat geben.

3 Die Haut der Doradenfilets zweimal schräg einritzen. Mit Salz und Pfeffer würzen. Restliches Öl (2 EL) in einer beschichteten Pfanne erhitzen. Die Filets auf der Hautseite darin 4 Minuten knusprig anbraten, wenden und weitere 2 Minuten braten. Die Filets mit dem Salat auf Tellern anrichten und mit dem Fenchelgrün bestreuen.

4 PERSONEN, 20 MINUTEN

TIPP:
Frischer Fisch darf nicht riechen. Man erkennt ihn außerdem an den klaren Augen.

TIPP:
Wer es scharf mag, entfernt vor dem Hacken die Kerne nicht aus der Chilischote.

FISCHFRIKADELLEN MIT CHILI-DIP

3 Frühlingszwiebeln
1 rote Chilischote
4 EL geröstete, gesalzene Erdnusskerne
2 EL Butter
400 g Lachsfilet ohne Haut und Gräten
5 cm Ingwerwurzel
Salz, Pfeffer
2 EL Sonnenblumenöl
80 ml Sojasauce
3 EL Balsamico-Essig
1 TL Zucker

1 Frühlingszwiebeln in feine Ringe schneiden. Chilischote längs halbieren, entkernen und fein hacken. Erdnusskerne ebenfalls hacken. Butter in einer Pfanne erhitzen. Frühlingszwiebeln darin bei mittlerer Hitze in 3 Minuten glasig braten. 1 Minute vor Schluss die Erdnusskerne dazugeben. Pfanne vom Herd nehmen, abkühlen lassen.

2 Lachs erst in dünne Scheiben schneiden, dann fein hacken. Ingwer schälen und fein reiben. Lachs mit der Frühlingszwiebelmischung, Ingwer, Salz und Pfeffer vermischen. Aus der Lachsmasse 8 Frikadellen formen.

3 Öl in einer großen beschichteten Pfanne erhitzen. Frikadellen darin 2–3 Minuten auf jeder Seite braten. Sojasauce mit Balsamico-Essig, Zucker und gehacktem Chili verrühren und mit Pfeffer würzen. Die Frikadellen mit dem Dip servieren.

4 PERSONEN, 30 MINUTEN

Ich liebe Fisch mit Asia-Touch. Nach diesem Gericht geht euch das bestimmt auch so!

INGWERLACHS MIT BLATTSPINAT

- 5 cm Ingwerwurzel
- 4 EL Sojasauce
- Zucker
- 6 EL Sonnenblumenöl
- Pfeffer
- 4 Lachsfilets mit Haut (à 200 g)
- 1 Bund Schnittlauch
- 2 EL helle Sesamsamen
- 40 g Butter
- 1–2 EL Weißweinessig
- 1 EL helle Miso-Paste
- 450 g junger Blattspinat

TIPP: Wer hat und mag, nimmt statt Weißweinessig Reisessig.

1 Ingwer schälen und fein reiben. Ingwer, 3 EL Sojasauce, 1 TL Zucker, 1 EL Öl und etwas Pfeffer verrühren. Haut der Lachsfilets schräg einritzen. Filets mit der Marinade in einen Gefrierbeutel geben, gut verschließen und 10 Minuten marinieren.

2 Schnittlauch in Röllchen schneiden. Sesamsamen in einer Pfanne ohne Fett anrösten. Butter in einem Topf zerlassen. 2 EL Öl, 50 ml Wasser, Essig, Miso-Paste und 1 Prise Zucker hinzufügen, aufkochen und mit dem Schneebesen verquirlen. Vom Herd nehmen. Schnittlauch dazugeben, mit Pfeffer würzen. Miso-Butter warm halten.

3 Lachsfilets aus der Marinade nehmen und abtropfen lassen. 1 EL Öl in einer beschichteten Pfanne erhitzen. Filets 4–6 Minuten auf der Hautseite braten. Wenden und 1 weitere Minute garen. Der Fisch sollte in der Mitte glasig sein.

4 Restliches Öl (2 EL) in einem Topf erhitzen. Spinat darin zusammenfallen lassen. Mit der restlichen Sojasauce (1 EL) würzen. Auf Teller verteilen. Lachs auf den Spinat legen, mit Miso-Butter beträufeln. Mit geröstetem Sesam bestreuen.

2–4 PERSONEN, 30 MINUTEN

Zander ist ein Edelfisch und nicht ganz billig. Für besondere Gelegenheiten lohnt sich der Aufwand aber. Versprochen!

ZANDER AUF GEDÜNSTETEM MEERRETTICHLAUCH

- 800 g Lauch
- 2 EL Butter
- Salz, Pfeffer, Zucker
- 150 g Sahne
- 650 g Zanderfilet mit Haut, ohne Gräten
- 8 EL Polenta
- 5 EL Sonnenblumenöl
- 1–2 Zitronensaft
- 3–4 EL frisch geriebener Meerrettich (ersatzweise aus dem Glas)

1 Lauchstangen längs halbieren und in 3 cm lange Stücke schneiden. Butter in einem Topf erhitzen und den Lauch darin 5 Minuten dünsten. Mit Salz, Pfeffer und 1 Prise Zucker würzen. Sahne dazugeben und Lauch zugedeckt weitere 8–10 Minuten bei mittlerer Hitze schmoren.

2 Inzwischen das Fischfilet in 8 Scheiben schneiden. Polenta auf einen flachen Teller geben. Filetscheiben in der Polenta wenden. Die Panade leicht andrücken. Öl in einer beschichteten Pfanne erhitzen. Die Fischfilets darin von beiden Seiten jeweils 2–3 Minuten bei mittlerer Hitze anbraten.

3 Das Lauchgemüse mit Zitronensaft abschmecken. Den Meerrettich untermischen. Gemüse auf Teller verteilen und den Fisch darauflegen.

4 PERSONEN, 30 MINUTEN

Jakobsmuscheln haben ein festes Fleisch und machen aus den Wan-Tan eine edle Leckerei.

WAN-TAN MIT JAKOBSMUSCHEL-FÜLLUNG

24 tiefgekühlte Wan-Tan-Blätter

350 g küchenfertige Jakobsmuscheln

1 Bund Schnittlauch

Salz, Pfeffer

1 EL Sojasauce

½ TL Currypulver

1 Wan-Tan-Blätter auftauen lassen. Ein Backblech mit Backpapier auslegen. Jakobsmuscheln kalt abspülen, trockentupfen, sehr fein hacken und in eine Schüssel geben. Schnittlauch in sehr feine Röllchen schneiden und untermischen. Mit Salz, Pfeffer, 1 EL Sojasauce und ½ TL Currypulver würzen.

2 Aufgetaute Wan-Tan-Blätter Wan-Tan-Blätter auf der Arbeitsplatte ausbreiten. Die Ränder mit Wasser einpinseln, 1 TL Füllung in die Mitte geben, die vier Ecken zur Mitte hochklappen und oben fest zusammendrücken. Die fertigen Wan-Tan sehen wie kleine Säckchen aus. Wan-Tan nebeneinander auf das Backpapier legen und mit einem feuchten Tuch abdecken.

3 Öl in einem Topf erhitzen und die Teigtaschen darin portionsweise knusprig ausbacken. Auf Küchenpapier abtropfen lassen.

4 PERSONEN, 35 MINUTEN

TIPP:
Auch zu den Wan-Tan mit Jakobsmuschelfüllung passt die Kokossauce von S. 97

Die Calamaretti im Salat sind zart und zergehen auf der Zunge. Kein Vergleich mit den frittierten Gummireifen, die man manchmal im Restaurant bekommt.

CALAMARETTI-SALAT

750 g Calamaretti
7 Stangen Staudensellerie
4 Frühlingszwiebeln
1 Bund Petersilie
300 ml trockener Weißwein
Salz, Pfeffer
3–4 EL Zitronensaft
6–8 EL Olivenöl
Zucker

TIPP: Wer sich das Putzen nicht zutraut, kann sich die Calamaretti auch küchenfertig beim Fischhändler kaufen.

1 Die Calamaretti innen gründlich von Chitin und Innereien befreien. Die Haut abziehen (siehe S. 148). Unter fließendem kaltem Wasser abspülen. Die Tuben in dünne Ringe schneiden.

2 Sellerie in dünne Scheiben schneiden. Ein paar Sellerieblätter hacken und beiseitelegen. Frühlingszwiebeln schräg in dünne Ringe schneiden. Petersilienblätter abzupfen und grob hacken.

3 Weißwein und 150 ml Wasser in einen Topf geben, mit Salz und Pfeffer würzen. Aufkochen und Calamaretti-Ringe und -Fangarme hineingeben. Etwa 1 Minute garen.

4 Sellerie, Petersilie, Frühlingszwiebeln und Calamaretti in einer Schüssel mischen und mit Zitronensaft und Olivenöl vermengen. Mit Salz, Pfeffer und 1 Prise Zucker abschmecken. Mit gehackten Sellerieblättchen bestreuen.

4 PERSONEN, 40 MINUTEN

ZANDER IN PARMASCHINKEN MIT SHIITAKEPILZEN

150 g Shiitakepilze
350 g Lauch
1 Zitrone
50 g Parmesan
50 g Mehl
600 g Zanderfilet ohne Haut und Gräten
Salz, Pfeffer
8 Scheiben Parmaschinken
5 EL Olivenöl
2 EL Butter

1 Stiele der Shiitakepilze entfernen, die Kappen in dünne Scheiben schneiden. Lauch in Ringe schneiden. Zitrone auspressen. Parmesan in dünne Scheiben hobeln. Mehl auf einen flachen Teller geben.

2 Zanderfilet in 4 Scheiben schneiden. Die Scheiben etwas salzen und pfeffern und jeweils mit 2 Scheiben Parmaschinken umwickeln. Anschließend in Mehl wenden. Das überschüssige Mehl abklopfen. 2 EL Öl in einer beschichteten Pfanne erhitzen und die Fischfilets bei mittlerer Hitze 6–8 Minuten von allen Seiten braten. Nach 5 Minuten die Butter dazugeben.

3 Restliches Öl (3 EL) in einer weiteren Pfanne erhitzen. Pilze und Lauch darin 4–5 Minuten dünsten. Mit Salz und Pfeffer würzen. Auf Tellern verteilen. Fischfilets aus der Pfanne nehmen und auf das Gemüse legen. Zitronensaft zum Buttersud in die Pfanne geben und gut verrühren. Fisch und Gemüse mit der Zitronenbutter beträufeln.

TIPP: Der Schinken gibt Salz an den Fisch, deswegen vorsichtig mit dem Nachsalzen sein.

4 PERSONEN, 30 MINUTEN

ROTBARBE MIT PIMENTOS UND AUSTERNPILZEN

TIPP:
Wer keine Pimentos bekommt, kann grünen Spitzpaprika vierteln und entkernen.

- **2 Zwiebeln**
- **150 g Austernpilze**
- **400 g Pimentos de Padrón**
- **1 Bio-Zitrone**
- **50 g Parmesan**
- **6 EL Mehl**
- **6 EL Olivenöl**
- **Salz, Pfeffer**
- **8 Rotbarbenfilets (à etwa 60 g) mit Haut, ohne Gräten**
- **2 EL Butter**

1. Zwiebeln schälen und in Spalten schneiden. Austernpilze in Stücke schneiden. Pimentos längs halbieren und vom Kerngehäuse befreien. 1 EL Zitronenschale abreiben, Zitronensaft auspressen. Parmesan fein reiben. Mehl auf einen flachen Teller geben.

2. 3 EL Öl in einer Pfanne erhitzen. Pimentos und Austernpilze darin anbraten. Zwiebeln dazugeben. Mit Salz und Pfeffer würzen. Aus der Pfanne nehmen und warm halten.

3. Die Rotbarbenfilets trocken tupfen, salzen und pfeffern. Die Filets mit der Hautseite in Mehl wenden. Restliches Öl (3 EL) in der Pfanne erhitzen. Die Filets darin auf der Hautseite 2–3 Minuten braten. Butter dazugeben, die Filets wenden und nach etwa 30 Sekunden die Hälfte vom Zitronensaft hinzufügen. Pfanne vom Herd nehmen.

4. Restlichen Zitronensaft und den Parmesan zum Gemüse geben. Gemüse auf Teller verteilen. Rotbarbenfilets auf das Gemüse legen. Mit der Zitronenbutter aus der Pfanne beträufeln.

4 PERSONEN, 25 MINUTEN

Eine komplette Mahlzeit aus einer Pfanne, die dazu noch wenig Fett enthält.

CALAMARETTI MIT WEISSEN BOHNEN

800 g Calamaretti
1 Dose weiße Bohnen (360 g)
1 Dose geschälte Tomaten (425 g)
2 Knoblauchzehen
1 Bund Petersilie
2 EL Kapern
3 EL Olivenöl
Salz, Pfeffer, Zucker
1 EL Butter

1 Die Calamaretti innen gründlich von Chitin und Innereien befreien. Die Haut abziehen. Unter fließendem kaltem Wasser abspülen. Die Fang-arme an den Augen vom Kopf schneiden und den Schulp entfernen. Die Tuben in 1,5 cm breite Ringe schneiden. Die Fangarme am Stück lassen. Mit Küchenpapier trocken tupfen.

2 Bohnen in ein Sieb schütten und abtropfen lassen. Geschälte Tomaten grob zerkleinern. Knoblauch schälen und in dünne Scheiben schneiden. Petersilienblätter abzupfen und grob hacken. Kapern abtropfen lassen.

3 Olivenöl in einer großen Pfanne erhitzen. Calamaretti darin bei starker Hitze unter Rühren 2–3 Minuten anbraten und wieder herausnehmen. Knoblauch in die Pfanne geben und andünsten. Tomaten und Bohnen dazugeben. 5 Minuten bei mittlerer Hitze garen. Mit Salz, Pfeffer und 1 Prise Zucker würzen. Calamaretti und Kapern hinzufügen und weitere 3 Minuten garen. Butter und Petersilie untermischen. Auf Teller verteilen.

4 PERSONEN, 35 MINUTEN

CURRY-DORSCH IM PERGAMENTPAPIER

- 2 Knoblauchzehen
- 5 rote Zwiebeln
- 20 g Ingwer
- 1 Bund Koriandergrün
- 4 EL Sonnenblumenöl
- 1 EL Currypulver
- Salz, Pfeffer, Zucker
- 4 Dorschsteaks ohne Haut und Gräten (à 250 g)

TIPP: Ein schönes Gericht, wenn Gäste kommen. Durch das Garen im Backofen wird der Herd nicht schmutzig und die Unordnung in der Küche hält sich in Grenzen.

1 Backofen auf 200 °C vorheizen. 4 Bogen Backpapier (30 x 30 cm) bereitlegen. Knoblauch schälen und in dünne Scheiben schneiden. Zwiebeln schälen. 3 Zwiebeln fein würfeln, restliche Zwiebeln in dünne Scheiben schneiden. Ingwer schälen und fein würfeln. Koriander mit den zarten Stielen grob hacken.

2 Öl in einer Pfanne erhitzen. Zwiebelwürfel, Knoblauch und Ingwer darin goldgelb dünsten. Currypulver dazugeben und kurz mitdünsten. Mit Salz, Pfeffer und 1 Prise Zucker würzen. Die Zwiebelmischung mit der Hälfte vom Koriander und 2–3 EL Wasser im Mixer oder mit dem Stabmixer sehr fein pürieren.

3 Fischsteaks mit der Currypaste bestreichen und jeweils in die Mitte von 1 Bogen Backpapier setzen. Zwiebelscheiben und restlichen Koriander darauf verteilen. Papier zusammenfalten und mit Küchengarn zubinden. Pergamentpäckchen auf ein Backblech setzen. Im Backofen auf der untersten Schiene 12–15 Minuten garen. Herausnehmen und mit dem Papier auf die Teller setzen.

4 PERSONEN, 35 MINUTEN

Ein Sashimi-Rezept darf bei mir nicht fehlen. Unkomplizierte Zutaten und schnell gemacht – so muss es sein.

SASHIMI VON DER FORELLE

2 Tomaten
3 Frühlingszwiebeln
1 Bio-Zitrone
40 g Parmesan
6 EL Mehl
10 EL Olivenöl
Salz, Pfeffer, Zucker
1 TL getrockneter Oregano
4 Forellenfilets mit Haut, ohne Gräten

1 Tomaten in feine Würfel schneiden. Frühlingszwiebeln schräg in dünne Scheiben schneiden. Zitronenschale abreiben und den Saft auspressen. Parmesan dünn hobeln. Mehl auf einen flachen Teller geben.

2 Für die Vinaigrette 4 EL Zitronensaft mit 6 EL Olivenöl verquirlen. Mit Salz, Pfeffer und 1 Prise Zucker würzen. Oregano, Frühlingszwiebeln, Tomaten und Zitronenschale untermischen.

3 Restliches Öl (4 EL) in einer großen beschichteten Pfanne erhitzen. Fischfilets auf der Hautseite mit Salz und Pfeffer würzen. Dann mit der Hautseite ins Mehl drücken und das überschüssige Mehl abklopfen.

4 Die Filets portionsweise auf der Hautseite bei starker Hitze etwa 2 Minuten braten. Dabei eventuell mit einem Topf beschweren, damit sich die Filets nicht wellen. Das Fleisch sollte in der Mitte unbedingt roh bleiben. Nur die Haut muss kross werden.

5 Die Filets aus der Pfanne nehmen und quer in Streifen schneiden. Auf Teller verteilen, mit der Vinaigrette beträufeln und mit Parmesan bestreuen.

2 PERSONEN, 25 MINUTEN

MARINIERTER LACHS MIT AVOCADO

2 rote Zwiebeln
6 EL Olivenöl
2 Zweige Thymian
400 g Lachsfilet
ohne Haut und Gräten
1 Handvoll Petersilienblätter
2 Bio-Limetten
2 reife, feste Avocados
Salz, Pfeffer, Zucker

TIPP: Ein schönes Gericht für warme Tage. Gut auch als Vorspeise für 6–8 Personen oder fürs Picknick im Grünen. Es lässt sich gut mitnehmen, sollte aber gekühlt werden.

1 Zwiebeln schälen und sehr fein würfeln. 2 EL Olivenöl in einer Pfanne erhitzen und die Zwiebeln mit dem Thymian darin glasig dünsten. Aus der Pfanne nehmen und abkühlen lassen.

2 Lachsfilet in etwa 1 cm große Würfel schneiden. Petersilienblätter fein hacken. Schale von 1 Limette abreiben. Aus beiden Limetten den Saft auspressen. Avocados halbieren, den Stein entfernen, vierteln und schälen. Das Fruchtfleisch in Würfel schneiden.

3 Restliches Olivenöl (4 EL) in einer Schale mit dem Limettensaft verquirlen. Mit Salz, Pfeffer und 1 Prise Zucker würzen. Zwiebeln, Lachs, Avocado und Petersilie dazugeben und vorsichtig vermengen. Auf Teller verteilen und mit Limettenschale bestreuen.

4 PERSONEN, 25 MINUTEN

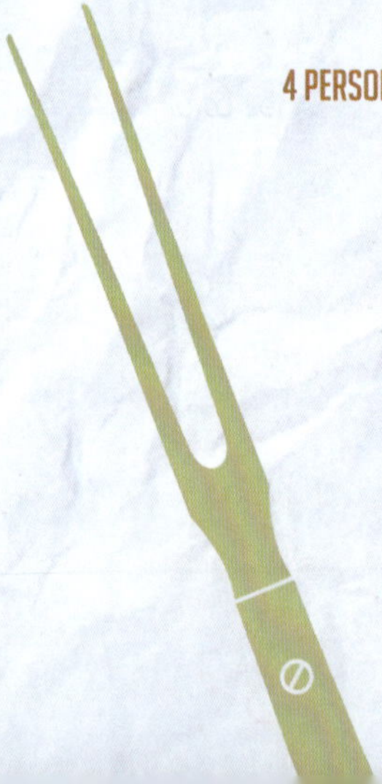

Die feine Kruste aus Pinienkernen, Kapern, Petersilie und Olivenöl schützt durch das in ihr enthaltene Fett die zarten Rotbarbenfilets vor dem Austrocknen.

GRATINIERTE ROTBARBEN MIT PINIENKRUSTE

- 1 EL weiche Butter
- 100 g Pinienkerne
- 3 EL Kapern
- 1 Zitrone
- 1 Handvoll Petersilienblätter
- 7 EL Olivenöl
- 5 EL Panko-Brösel
- Salz, Pfeffer
- 8 Rotbarbenfilets

1 Backofengrill vorheizen. Eine Auflaufform (22 x 32 cm) dünn mit Butter ausfetten. Pinienkerne in einer Pfanne ohne Fett goldbraun rösten. Kapern abtropfen lassen. Zitrone auspressen. Pinienkerne, Kapern, Petersilienblätter und 5 EL Öl im Mixer oder mit dem Stabmixer pürieren. Die Panko-Brösel dazugeben. Mit Salz und viel Pfeffer würzen.

2 Die Rotbarbenfilets trocken tupfen, salzen, pfeffern und mit der Hautseite nach unten nebeneinander in die Auflaufform legen. Jeweils 2 EL Pinienkern-Brösel-Masse auf jedes Filet geben, verteilen und vorsichtig andrücken. Restliches Olivenöl (2 EL) über die Filets träufeln. Unter dem Backofengrill auf der zweiten Schiene von unten in 3–4 Minuten goldbraun gratinieren. Mit Zitronensaft beträufeln.

4 PERSONEN, 25 MINUTEN

CARPACCIO VOM WOLFSBARSCH

150 g rote Linsen
5 EL Olivenöl
400 g Wolfsbarschfilet ohne Haut und Gräten
Salz, Pfeffer
2 Zwiebeln
1 Bund Schnittlauch
100 g Friséesalat
50 g Pinienkerne
1 EL Butter
2–3 EL Balsamico-Essig
Zucker

TIPP:
Das Messer zum Schneiden des Wolfsbarschs sollte scharf sein und eine dünne Klinge haben.

1 Wasser in einem Topf aufkochen, die Linsen hineingeben und bei milder Hitze 10–12 Minuten im offenen Topf köcheln, bis sie weich sind. Unter fließendem kaltem Wasser abschrecken und im Sieb abtropfen lassen.

2 2 EL Olivenöl in einen Gefrierbeutel geben. Wolfsbarschfilet mit langen, schrägen Schnitten in möglichst dünne Scheiben schneiden. Die Scheiben nacheinander in den Gefrierbeutel legen und hauchdünn plattieren. Die Scheiben sollten nur wenige Millimeter dick sein. Scheiben nebeneinander auf 4 Teller legen. Kräftig salzen und pfeffern.

3 Zwiebeln schälen und fein würfeln. Schnittlauch in feine Röllchen schneiden. Salat in mundgerechte Stücke zupfen. Pinienkerne in einer Pfanne ohne Fett goldbraun rösten.

4 Butter in einer Pfanne erhitzen. Die Zwiebeln darin glasig dünsten. Linsen dazugeben, kurz erwärmen, mit Salz und Pfeffer würzen. Die Pfanne vom Herd nehmen und den Balsamico-Essig und das restliche Olivenöl (3 EL) unterrühren. Schnittlauch und Friséesalat unterheben. Mit Salz, Pfeffer und 1 Prise Zucker abschmecken. Das Linsengemüse auf dem Carpaccio anrichten und mit Pinienkernen bestreuen.

4 PERSONEN, 30 MINUTEN

Die feinen Jakobsmuscheln harmonieren perfekt mit dem zarten Melonenaroma.

JAKOBSMUSCHELN MIT LAUWARMEM MELONENSALAT

200 g Tomaten
6 EL Olivenöl
Salz, Pfeffer, Zucker
400 g Melone
1 Ei
40 g Mehl
60 g Panko-Brösel
16 küchenfertige Jakobsmuscheln
1 EL Butter
1 EL Weißweinessig
100 g Rucola

TIPP: Am besten schmeckt das Rezept mit einer Charentais-Melone. Man kann aber auch Galia-, Cantaloupe- oder Honigmelone verwenden. Nur mit einer Wassermelone funktioniert es nicht.

1. Tomaten auf der Küchenreibe fein reiben und mit 2 EL Olivenöl vermischen. Mit Salz, Pfeffer und 1 Prise Zucker abschmecken. Melone schälen, entkernen und in Würfel schneiden.

2. Ei in einem tiefen Teller verquirlen. Mehl und Panko-Brösel auf je einen flachen Teller geben. Jakobsmuscheln kalt abspülen, trocken tupfen. Mit Salz und Pfeffer würzen. Die Muscheln mit einer Seite in das Mehl drücken, überschüssiges Mehl abklopfen. Mit der bemehlten Seite durch das Ei ziehen und in die Panko-Brösel drücken.

3. 2 EL Olivenöl und die Butter in einer Pfanne erhitzen. Die Jakobsmuscheln darin zuerst auf der panierten Seite bei mittlerer Hitze in 2 Minuten goldgelb braten. Wenden und bei ausgeschaltetem Herd in 1 Minute gar ziehen lassen.

4. Restliches Olivenöl (2 EL) in der Pfanne erhitzen. Die Melonenwürfel darin von allen Seiten scharf anbraten. Mit Essig ablöschen, mit Salz, Pfeffer und 1 Prise Zucker würzen. Salat aus der Pfanne nehmen, mit der Tomatensauce, dem Rucola und den Jakobsmuscheln auf Teller verteilen.

4 PERSONEN, 35 MINUTEN

TIPP:
Tomaten schmecken am besten im Spätsommer, wenn sie reif geerntet werden können.

TOMATENSALAT MIT INGWERDRESSING

800 g Tomaten | 1 Bund Petersilie | 2 rote Zwiebeln | 1 grüne Chilischote | 20 g frischen Ingwer | 7 EL Olivenöl | 3–4 EL Zitronensaft | Salz, Pfeffer, Zucker

1 Tomaten in mundgerechte Stücke schneiden, dabei den Stielansatz entfernen. Petersilienblätter abzupfen und grob hacken. Zwiebeln schälen und in dünne Scheiben schneiden. Chilischote längs halbieren, entkernen und fein hacken. Ingwer schälen und sehr fein würfeln.

2 Für das Dressing Olivenöl, Zitronensaft, Salz, Pfeffer und 1 Prise Zucker in einer Schüssel verquirlen. Ingwer, Zwiebeln und Chilischote untermischen. Mindestens 5 Minuten ziehen lassen. Tomaten und Petersilie mit dem Dressing vermengen.

4 PERSONEN, 15 MINUTEN

SALAT AUS OFENTOMATEN UND ÖLSARDINEN

3 Knoblauchzehen | 800 g Tomaten | Zucker, Salz, Pfeffer | 10 EL Olivenöl | 3 Scheiben Toastbrot | 2 Dosen Ölsardinen (à 125 g) | 1 Handvoll Basilikumblätter | 40 g Parmesan | 4 EL Balsamico-Essig

1 Backofen auf 100 °C vorheizen. Knoblauch schälen und sehr fein hacken. Tomaten quer halbieren. Ein Backblech mit Backpapier auslegen. Knoblauch und 1 EL Zucker darauf verteilen, salzen und pfeffern. Die Tomaten mit den Schnittflächen nach unten auf das Backpapier setzen. Mit 2 EL Olivenöl beträufeln. Im Backofen auf der mittleren Schiene 45 Minuten garen.

2 Toastbrot in Würfel schneiden. 3 EL Olivenöl in einer Pfanne erhitzen und die Brotwürfel darin goldbraun braten. Mit Salz und Pfeffer würzen und auf Küchenpapier abtropfen lassen. Die Sardinen abtropfen lassen und in grobe Stücke zerteilen. Basilikum grob zerzupfen. Parmesan dünn hobeln.

3 Tomaten aus dem Ofen nehmen und etwas abkühlen lassen. Mit den Sardinen und den Croûtons auf Tellern verteilen. Den Tomatensud vom Backblech in eine Schüssel gießen, mit Balsamico-Essig, dem restlichen Olivenöl (5 EL), Salz, Pfeffer und 1 Prise Zucker verrühren. Auf dem Tomatensalat verteilen und mit Basilikum bestreuen.

4 PERSONEN, 15 MINUTEN + 45 MINUTEN GARZEIT

GEBRATENE GARNELEN MIT GESCHMORTEN KIRSCHTOMATEN

600 g Garnelen ohne Schale, Darm und Kopf | 400 g Kirschtomaten | 3 Schalotten | 1 rote Chilischote | 1 Bio-Limette | 2 EL Butter | 1 EL Zucker | 3 EL Sojasauce | 3 EL Olivenöl | Salz, Pfeffer | 100 g Rucola

1 Garnelen längs bis zur Schwanzflosse halbieren. Abspülen und trocken tupfen. Tomaten halbieren. Schalotten schälen und sehr fein würfeln. Chilischote längs halbieren, entkernen und fein hacken. 1 TL Limettenschale abreiben, den Saft auspressen.

2 Butter in einem Topf erhitzen. Schalotten und Chili darin glasig dünsten. Zucker und Tomaten dazugeben. Mit Sojasauce und Limettensaft ablöschen und etwas einkochen. Limettenschale dazugeben. Vom Herd nehmen.

3 Olivenöl in einer Pfanne erhitzen. Die Garnelen darin von allen Seiten 3–4 Minuten braten. Mit Salz und Pfeffer würzen. Rucola zur Tomatenmischung geben und alles mit Pfeffer würzen. Geschmorte Tomaten mit den Garnelen auf Tellern verteilen.

4 PERSONEN, 25 MINUTEN

SÜSSES

Das mögen Gäste, die Desserts sonst meiden. Passt im Sommer auch als Zwischengang ins Menü.

WASSERMELONEN-GRANITA

1 Bio-Limette
750 g Wassermelone
50 ml Aperol
50 g Puderzucker
1 Handvoll Minzeblätter

1 Limettenschale abreiben, den Saft auspressen. Wassermelone in Spalten schneiden, die Kerne entfernen. Das Melonenfleisch von der Schale befreien und in grobe Stücke schneiden. Melonenstücke, Aperol, Puderzucker, Limettensaft und -schale in ein hohes Gefäß geben und mit dem Stabmixer fein pürieren.

2 Die Hälfte der Minzeblätter in feine Streifen schneiden. Unter das Melonenpüree mischen, in eine flache Auflaufform füllen und 3–4 Stunden ins Eisfach oder den Tiefkühler stellen. Alle 30 Minuten mit einer Gabel umrühren, bis die Flüssigkeit komplett kristallisiert ist.

3 Zum Servieren mit der Gabel auflockern. In Gläser verteilen und mit den restlichen Minzeblättern garnieren.

4 PERSONEN, 15 MINUTEN + 3–4 STUNDEN KÜHLZEIT

TIPP:
Funktioniert auch mit festen Williamsbirnen.

Ein einfaches, aber superleckeres Dessert, mit dem man gute Freunde richtig glücklich macht.

NASHI-BIRNEN IM BACKTEIG

40 g Speisestärke
100 g Mehl
Salz
2 EL Apfelessig
160 ml helles Bier
1½ l Sonnenblumenöl
6 Nashi-Birnen
gemahlener Zimt
Zucker

1 Speisestärke, Mehl, 1 TL Salz, Essig und Bier in einer Schüssel verquirlen. Abdecken und 30 Minuten in den Kühlschrank stellen.

2 Das Öl in einem Topf erhitzen. Die Birnen längs in Spalten schneiden und das Kerngehäuse entfernen. Birnenspalten durch den Ausbackteig ziehen. Im heißen Öl in 3–4 Minuten goldgelb ausbacken. Auf Küchenpapier abtropfen lassen. Zimt und Zucker vermischen, die Birnen damit bestreuen.

4 PERSONEN, 20 MINUTEN + 30 MINUTEN KÜHLZEIT

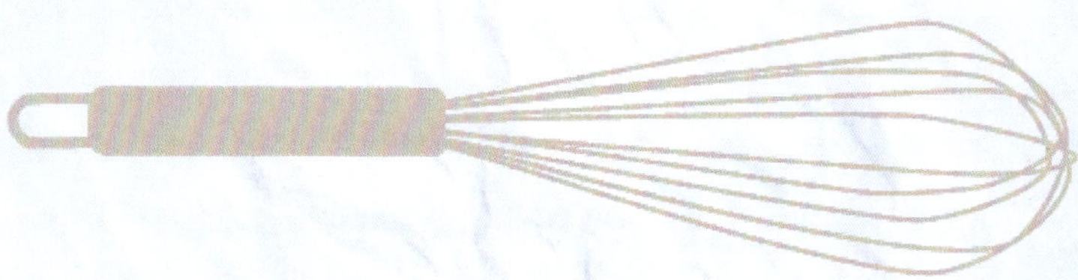

Der Strudel ist auch ein leckeres Hauptgericht für zwei Süßschnäbel.

BIRNEN-BROMBEER-STRUDEL

5 EL Semmelbrösel
½ TL gemahlener Zimt
60 g Zucker
400 g Birnen
200 g Brombeeren
1 EL Butter
2 Blätter Strudelteig (Kühltheke)
4 EL Sahne
2 EL Puderzucker

1 Backofen auf 200 °C vorheizen. Ein Backblech mit Backpapier auslegen. Semmelbrösel mit Zimt und Zucker vermischen. Birnen schälen, vierteln und das Kerngehäuse entfernen. Birnenviertel quer in dünne Scheiben schneiden. In einer Schüssel mit den Brombeeren und den Bröseln vermengen.

2 Butter in einem Töpfchen zerlassen. Ein Strudelblatt auf ein bemehltes Tuch legen und mit der Hälfte der Butter bestreichen. Das zweite Blatt darauflegen, die restliche Butter darauf verstreichen.

3 Füllung auf der unteren Hälfte der Teigblätter verteilen. Mit Hilfe des Tuches aufrollen. Die Enden einklappen. Den Strudel auf das Backpapier legen. Mit Sahne bestreichen. Auf der zweiten Schiene von unten 30–35 Minuten backen. Herausnehmen und mit Puderzucker bestäuben.

4 PERSONEN, 20 MINUTEN + 30–35 MINUTEN BACKZEIT

Die Brownies passen auch gut zum Nachmittags-
kaffee oder zur Geburtstagsfeier im Büro.

ERDNUSS-BROWNIES

- 1 EL Butter
- 150 g Zucker
- 175 g Schokolade (60 % Kakaoanteil)
- 80 g Mehl
- 1 TL Backpulver
- 80 g geröstete, ungesalzene Erdnusskerne
- 3 Eier
- Salz
- 120 ml Olivenöl
- 50 ml Ananas- oder Orangensaft
- 2 EL Kakao

1. Backofen auf 180 °C vorheizen. Eine Springform (30 cm Ø) ausbuttern und mit 3 EL Zucker ausstreuen. Schokolade grob hacken und in eine Metallschüssel geben. Über dem Wasserbad (siehe Seite 174) schmelzen. Mehl und Backpulver in einer Schüssel mischen.

2. Erdnusskerne grob hacken. Eier, restlichen Zucker (100 g) und 1 Prise Salz in eine Schüssel geben. Mit den Quirlen des Handrührgeräts in etwa 5 Minuten aufschlagen, bis eine helle Creme entstanden ist. Das Olivenöl nach und nach unterrühren. Die geschmolzene Schokolade dazugeben und kurz unterrühren. Die Mehlmischung, den Ananas- oder Orangensaft und die gehackten Nusskerne mit einem Teigspatel unterheben.

3. Die Masse in die Form geben und glatt streichen. Im Backofen auf der mittleren Schiene 25 Minuten backen. In der Form abkühlen lassen. Den Rand mit einem Messer lösen, aus der Form stürzen und in Stücke schneiden. Mit Kakao bestäuben.

4 PERSONEN, 40 MINUTEN

Mal eine Zabaione ohne Weißwein, dafür mit gehaltvollem Eierlikör. Passt toll zu den Erdbeeren.

EIERLIKÖR-ZABAIONE MIT ROSMARIN

400 g Erdbeeren
2 Zweige Rosmarin
100 ml Eierlikör
3 Eigelb
2 Eier
1–2 EL Puderzucker
30 g Butter
1 EL Zucker
2 EL Orangenmarmelade

TIPP: Für das Wasserbad einen Topf etwa zur Hälfte mit Wasser füllen. Das Wasser erhitzen und eine passende Metallschüssel auf den Topf setzen. Die Schüssel sollte das Wasser nicht berühren. Jetzt können Cremes aufgeschlagen und Schokolade geschmolzen werden.

1 Erdbeeren von den Kelchen befreien und längs halbieren. Nadeln von 1 Zweig Rosmarin abzupfen und fein hacken. Eierlikör, Eigelb, Eier und Puderzucker in eine Metallschüssel geben. Mit dem Schneebesen über dem Wasserbad (siehe TIPP) kräftig und ausdauernd aufschlagen, bis eine helle Creme entstanden ist.

2 Butter in einer Pfanne zerlassen. Den Zucker dazugeben und karamellisieren lassen. Erdbeeren, Orangenmarmelade und den restlichen Rosmarinzweig hinzufügen und kurz durchschwenken. Pfanne vom Herd nehmen.

3 Die Erdbeeren auf Teller verteilen. Die Zabaione über die Erdbeeren geben und mit etwas gehacktem Rosmarin bestreuen.

4 PERSONEN, 30 MINUTEN

STEFFENS VIDEOTIPP HENSSLER

Auch die Kirschpasta ist ein tolles Hauptgericht für zwei bis drei Liebhaber süßer Sachen.

SÜSSE KIRSCHPASTA

- 250 g Kirschen
- 300 g Spaghettini
- Salz
- 2 EL Butter
- 1 EL Vanillezucker
- 100 ml Kaffeelikör
- 100 g Sahne
- 1 Handvoll Zitronenmelisseblätter
- 1 EL Puderzucker

1 Kirschen halbieren und entsteinen. Nudeln in kochendem Salzwasser nach Packungsanweisung bissfest garen.

2 Inzwischen Butter in einer großen Pfanne zerlassen. Kirschen und Vanillezucker dazugeben. Mit Kaffeelikör ablöschen. Die Sahne einrühren und alles etwas einkochen lassen. Die Melisseblätter in feine Streifen schneiden.

3 Die Nudeln abgießen und zur Sauce in die Pfanne geben. Kurz durchschwenken und auf Teller verteilen. Mit Melisseblättchen bestreuen und mit Puderzucker bestäuben.

4 PERSONEN, 25 MINUTEN

TIPP:
Die Zitronenmelisse kann durch Minze ersetzt werden.

Die Törtchen sind so lecker …
Mehr ist dazu nicht zu sagen.

AMARETTINI-HIMBEER-TÖRTCHEN

60 g Butter
150 g Amarettini
1 Bio-Limette
1 Vanilleschote
60 g Puderzucker
200 g Magerquark
200 g Himbeeren

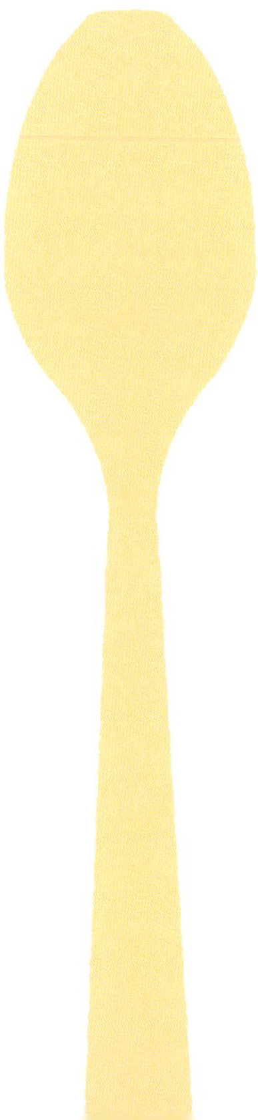

1 Butter in einem Topf zerlassen. Kekse in einen Gefrierbeutel geben und mit dem Nudelholz zerbröseln. Die Brösel in einer Schale mit der Butter vermischen. Butter-Brösel-Masse zwischen zwei Lagen Backpapier 5 mm dick ausrollen. Mit einem Glas oder einer Tasse 4 Böden ausstechen. Abgedeckt zum Festwerden 20 Minuten in den Kühlschrank legen.

2 Limettenschale abreiben, den Saft auspressen. Die Vanilleschote längs aufschlitzen und das Mark herauskratzen. Limettensaft und -schale mit Vanillemark, Puderzucker (1 EL beiseitelassen) und Quark in einer Schüssel glatt rühren. In einen Gefrierbeutel füllen und 10 Minuten in den Kühlschrank stellen.

3 Die Bröselböden auf Dessertteller legen. Die Quarkcreme aus dem Kühlschrank nehmen und von dem Gefrierbeutel eine kleine Ecke abschneiden. Die Creme aus der Tüte auf die Böden spritzen. Die Törtchen mit den Himbeeren belegen. Mit dem restlichen Puderzucker (1 EL) bestäuben.

4 PERSONEN, 15 MINUTEN + 20 MINUTEN KÜHLZEIT

Das ist ein leichtes Eisrezept, das wirklich in jeden Ernährungsplan reinpasst.

WALDBEEREN-JOGHURT-EIS

- 1 Bio-Zitrone
- 400 g tiefgekühlte Waldbeerenmischung
- 200 g griechischer Joghurt (10 % Fett)
- 60 g Puderzucker
- 1 EL Vanillezucker
- 4 Eiswaffeln

1 Zitronenschale abreiben, den Saft auspressen. Beides mit den gefrorenen Beeren, dem Joghurt, dem Puderzucker und dem Vanillezucker im Mixer oder mit dem Stabmixer fein pürieren. Das Eis mit dem Eisportionierer auf die Eiswaffeln verteilen und sofort servieren.

4 PERSONEN, 10 MINUTEN

TIPP: Tiefgekühlte Himbeeren, Erdbeeren oder Blaubeeren eignen sich auch für leckere Eissorten.

TIPP:
Lassen sich die mittleren Blätter des Blattschopfs leicht auszupfen, ist die Ananas reif.

Das Dessert ist der ideale Abschluss eines Asia-Menüs. Schmeckt aber auch einfach so zwischendurch.

GEGRILLTE ANANAS MIT CHILI-DIP

- 1 Ananas
- Pfeffer
- 200 g Crème fraîche
- 2 EL Puderzucker
- 2 Chilischoten
- 1 Bio-Limette
- 1 EL Butter
- 50 ml Balsamico-Essig

1 Die Ananas schälen und quer halbieren. Die Ananashälften längs vierteln und den harten Strunk entfernen. Die Stücke längs in Spalten schneiden und von allen Seiten mit Pfeffer würzen.

2 Für den Dip Crème fraîche und Puderzucker glatt rühren. Chilischoten längs halbieren, entkernen und fein hacken. Limettenschale abreiben und den Saft auspressen. Alles zur Crème fraîche geben und unterrühren.

3 Butter in einer großen Pfanne zerlassen. Die Ananasstücke darin etwa 2 Minuten von allen Seiten braten. Mit dem Balsamico-Essig ablöschen. Die Flüssigkeit etwas einkochen lassen. Die Ananasstücke auf Teller verteilen und mit dem Dip servieren.

4 PERSONEN, 20 MINUTEN

So schmeckt Sommer pur!
Da lassen sich alle gern verführen.

ERDBEER-APRIKOSEN-TATAR MIT VANILLECREME

1 Bio-Orange
400 g Aprikosen
6 EL Puderzucker
400 g Erdbeeren
1 Vanilleschote
150 g Sahnequark (40 % Fett)
1 Handvoll Minzeblätter

1 1 EL Schale von der Orange abreiben, den Saft auspressen. Aprikosen halbieren, entsteinen und fein würfeln. 4 EL Puderzucker mit der Hälfte vom Orangensaft und der Orangenschale verrühren. Die Aprikosen darin 5 Minuten marinieren. Erdbeeren fein würfeln, zu den Aprikosen geben und 2 Minuten marinieren.

2 Vanilleschote längs halbieren und das Mark herauskratzen. Sahnequark mit dem Schneebesen aufschlagen. Vanillemark, restlichen Puderzucker (2 EL) und Orangensaft unter den Quark mischen. Die Minzeblätter in feine Streifen schneiden und unter das Obsttatar heben. Den Tatar in eine Tasse drücken, auf die Teller stürzen und die Vanillecreme dazu servieren.

4 PERSONEN, 25 MINUTEN

Der Auflauf macht als süßes warmes Hauptgericht zwei hungrige Leckermäulchen satt.

BLAUBEERAUFLAUF

- 1 EL weiche Butter
- 3 Eier
- Salz
- 60 g Zucker
- 400 g Magerquark
- 8 EL Weichweizengrieß
- 75 g Kokosraspel
- 1 TL abgeriebene Bio-Limettenschale
- 300 g Blaubeeren
- 1 EL Puderzucker

1 Backofen auf 180 °C vorheizen. Eine Auflaufform (25 x 25 cm) ausbuttern. Eier trennen. Eiweiße mit 1 Prise Salz steif schlagen. Zucker nach und nach einrieseln lassen und 1 Minute weiterschlagen, bis eine feste glänzende Masse entstanden ist.

2 Quark, Eigelbe, Grieß, Kokosraspel und Limettenschale in einer Schüssel glatt rühren. Die Blaubeeren und den Eischnee vorsichtig unterheben. Die Quarkmasse in die Auflaufform füllen und glatt streichen. Im Backofen auf der mittleren Schiene 45–50 Minuten backen. Den Auflauf herausnehmen und mit Puderzucker bestäuben.

4 PERSONEN, 15 MINUTEN + 45–50 MINUTEN BACKZEIT

Wer geschickt plant, kann durch gestaffeltes Arbeiten beim Zubereiten die Gesamtzeit sicher noch um ein paar Minuten verringern.

MENÜS

Schnelles Menü für Freunde (4 Personen)
Garnelenpfanne, Seite 16, 20 Minuten
Scharfes Kokosgulasch, Seite 101, 10 Minuten + 1,5 Stunden Garzeit
Blaubeerauflauf, Seite 187, 15 Minuten + 45 Minuten Backzeit

Romantisches Dinner (2 Personen)
Tomatensalat mit gebratenen Pilzen, Seite 51 (Zutaten halbieren!), 20 Minuten
Hähnchenbrust mit Pancetta und Fenchel, Seite 90, 20 Minuten
Erdnuss-Brownies, Seite 173, 40 Minuten

Wenn's was zu feiern gibt (4 Personen)
Jakobsmuscheln auf lauwarmem Melonensalat, Seite 161, 35 Minuten
Lammkarree mit Thymiankruste und Kartoffel-Zucchini-Gemüse, Seite 115, 25 Minuten + 40 Minuten Garzeit
Erdbeer-Aprikosen-Tatar mit Vanillecreme, Seite 184, 25 Minuten

Gutes Gewissen für beste Freundinnen (4 Personen)
Orientalischer Gurkensalat, Seite 83, 20 Minuten
Kalbsröllchen mit Spitzkohl, Seite 108, 30 Minuten
Waldbeeren-Joghurt-Eis, Seite 180, 10 Minuten

Asia-Fischmenü (4 Personen)
Miso-Suppe mit Soba-Nudeln, Seite 41, 25 Minuten
Curry-Dorsch im Pergamentpapier, Seite 151, 35 Minuten
Gegrillte Ananas mit Chili-Dip, Seite 183, 20 Minuten

TIPP:
Die Zutaten gibt es im Asia-Fachhandel oder in gut sortierten Supermärkten.

Vegetarisches Menü (4 Personen)
Gemischter Salat mit Kokosdressing, Seite 64, 20 Minuten
Birnen-Kartoffel-Gratin, Seite 67, 15 Minuten + 50 Minuten Garzeit
Eierlikör-Zabaione, Seite 174, 30 Minuten

GLOSSAR

Austernsauce: Mischung aus Austernextrakt und einer mit Salz, Knoblauch und Zwiebeln eingekochten Sojasauce.

Cheddar: eine Käsesorte aus Kuhmilch, die aus dem Südwesten Englands stammt. Der Hartkäse mit etwa 3 Monaten Reifezeit erhält seine typische orange Farbe durch den Pflanzenfarbstoff Annatto.

Chorizo: eine spanische Rohwurst aus Schweinefleisch, die mit Knoblauch und viel Paprikapulver gewürzt ist. Der Paprika ist sowohl für die Farbe als auch für den typischen Geschmack verantwortlich.

Couscous: nordafrikanische Spezialität, kleine Kügelchen aus Hartweizen-, Gersten- oder Hirsegrieß.

Currypaste: Die roten, grünen und gelben Pasten aus Gewürzen und Kräutern sind Grundbestandteil der thailändischen Küchen. Allen Pasten gemeinsam ist die deutliche Chilischärfe, wobei die grünen Pasten in der Regel die schärfsten sind. Die Produkte im Handel können diesbezüglich sehr unterschiedlich ausfallen, deswegen am Anfang immer vorsichtig einsetzen. Die gelbe Currypaste kommt aus der südthailändischen oder der malaiischen Küche und enthält indische Gewürze wie Kreuzkümmel und vor allem Kurkuma.

Fünf-Gewürze-Pulver: eine chinesische Würzmischung aus den Grundzutaten Sternanis, Szechuan-Pfeffer, Zimt, Fenchelsamen und Gewürznelke.

Jalapeño: eine kleine, eher rundliche Chilischote, die ursprünglich aus Mexico stammt und auch in den USA weit verbreitet ist.

Mirin: Süßer, nur teilweise vergorener japanischer Reiswein, der ausschließlich zum Kochen verwendet wird.

Miso: eine japanische Würzpaste aus Soja sowie bei manchen Sorten auch Reis und Gerste, die vergoren werden. Es gibt helle, rötliche und dunkelbraune Sorten.

Nashi-Birne: wird nach ihrem Ursprungsgebiet auch Japanische, Chinesische oder Asiatische Birne genannt. Sie ist runder als die europäischen Birnen, im Geschmack aber ähnlich.

Pak Choi: heißt auf Deutsch Senf- oder Blätterkohl und ist mit dem Chinakohl verwandt. Er schmeckt milder als dieser und sieht eher wie Mangold aus.

Pancetta: kommt aus Italien. So heißt dort der luftgetrocknete, gerollte Bauchspeck vom Schwein. Er wird je nach Herkunftsregion mit Rosmarin, Salbei oder anderen Kräutern gewürzt.

Panko-Brösel: auch einfach Panko oder Panko-Mehl genannt. Panko sind die Semmelbrösel der japanischen Küche. Aus Weißbrot ohne Rinde hergestellt, sind die Brösel sehr hell, fein und luftig. Grob zermahlene, altbackene Brötchen sind eine Alternative dazu.

Piment: heißt auf Deutsch auch Nelkenpfeffer. Pimentkörner sind die getrockneten Beeren eines Baums, der hauptsächlich auf Jamaica und den Westindischen Inseln wächst. Er schmeckt nach Pfeffer, Muskat und Zimt.

Pimentos de Padrón: feine Mini-Paprikaschoten aus Spanien, die dort in Olivenöl gebraten als Vorspeise gegessen werden.

Polenta: wird aus Maisgrieß hergestellt und ist Grundlage des italienischen Polenta-Breis.

Quick-Cooking-Noodles: sind feine chinesische Schnellkochnudeln aus Weizenmehl.

Ras el Hanout: ist eine nordafrikanische Gewürzmischung, die u.a. Zimt, Muskat, Anis, Kurkuma, Chili, Pfeffer, Piment, Nelken und Kardamom enthält. Es gibt viele Mischungen – jeder Gewürzhändler hat seine eigene.

Roquefort: ein französischer Rohmilchkäse aus Schafmilch mit Blauschimmel.

Salsiccia: eine grobe italienische Bratwurst, die es in allen italienischen Regionen gibt. Sie wird in der Regel aus gemischten Fleischsorten hergestellt und pikant gewürzt.

Soba-Nudeln: spaghettiähnliche japanische Nudeln aus Buchweizenmehl.

Sesampaste: auch Tahin, Tahini oder Tahina genannt. Eine feine Paste aus geschälten und ungeschälten Sesamsamen. Sie ist eine Grundzutat der nordafrikanischen und arabischen Küche.

Tapenade: eine Olivenpaste aus schwarzen Oliven, die aus Südfrankreich kommt. Außer Oliven enthält sie Kapern und Anchovis.

Wakame: wird aus getrockneten Braunalgen hergestellt und würzt japanische Suppen.

Wan-Tan-Blätter: bestehen, ähnlich wie Nudelteig, aus Mehl und Eiern. Sie werden beim Frittieren knusprig und beim Kochen weich. (Enthalten im Gegensatz zu Frühlingsrollenteig kein Öl.)

Wasabi: japanischer Wassermeerrettich. Seine scharfen Wurzeln werden zu einer hellgrünen Paste oder einem trockenen Pulver verarbeitet.

REGISTER

STEFFEN HENSSLER absolvierte seine Kochlehre im damaligen Sterne-Restaurant Andresens Gasthof in Bargum, danach folgte eine Station in Hamburg. Nach einem Urlaub, bei dem er seine Vorliebe für Sushi entdeckte, investierte er einen Lottogewinn in den Besuch der von japanischen Meistern geführten Sushi-Akademie in Los Angeles und machte als erster Deutscher den Abschluss mit Bestnote. 2001 eröffnete er zusammen mit seinem Vater das Restaurant »Henssler Henssler« in Hamburg, 2009 folgte das »ONO by Steffen Henssler«.

Seine Karriere als Fernsehkoch begann 2004 mit einigen Gastauftritten an der Seite von Rainer Sass, seither folgten zahllose Auftritte in Kochshows wie »Die Küchenschlacht« und »Lanz kocht«. Auch bei der »Kocharena« auf VOX ist er mittlerweile eine feste Größe. Seit August 2010 moderiert Henssler beim ZDF seine eigene Kochshow »Topfgeldjäger«. In Deutschland, Österreich und der Schweiz feiert er zudem große Erfolge mit seiner Livetour »Meerjungfrauen kocht man nicht«.

MEHR INFOS UNTER:
www.steffenhenssler.de
What's for (b)eats? – Cooking meets Music! – www.youtube.com/whatsforbeats

London, New York, Melbourne, München und Delhi

Bibliografische Information Der Deutschen Bibliothek:
Die Deutsche Bibliothek verzeichnet diese Publikation in der Deutschen Nationalbibliografie; detaillierte bibliografische Daten sind im Internet über **http://dnb.ddb.de** abrufbar.

Rezepte und Rezeptentwicklung: Steffen Henssler und Pio
Foodstyling: Pio
Fotografie und Coverfoto: Marc Eckardt
Texte und Redaktion: Claudia Krader
Innengestaltung, Typografie, Realisation:
Sibylle Schug, München
Covergestaltung: Sibylle Schug, München
Repro: Medienservice Farbsatz, Neuried/München

Für den Dorling Kindersley Verlag
Programmleitung: Monika Schlitzer
Herstellungsleitung: Dorothee Whittaker
Projektbetreuung: Gabriele Kalmbach
Herstellung: Kim Weghorn

ISBN 978-3-8310-2434-6

Druck und Bindung: Firmengruppe Appl,
aprinta Druck, Wemding

Besuchen Sie uns im Internet
www.dorlingkindersley.de